El alto costo de seguir a Cristo es un [...] gelios. Un discípulo inconstante o indi[...] Y el propio llamamiento de Cristo al di[...] [...] no se puede armonizar con la religión relajada y superficial que practican tantas personas hoy en día que dicen ser seguidores de Cristo. Los creyentes necesitan constantemente recordar estas verdades. La exposición del Dr. Lawson de Lucas 14:25-35 condensa el mensaje vital y lo presenta de una manera sólida y penetrante. Este es un libro que todo cristiano debería leer y considerar.

JOHN MACARTHUR
Presidente, The Master's University and Seminary; Pastor-maestro,
Grace Community Church, Sun Valley, California

Con compasión, paciencia y claridad, el Dr. Lawson pone ante el lector una clara exposición del evangelio y de su llamado según Jesús. Escribe como predica: con un abordaje tenaz de las Escrituras y un corazón de pastor que anhela la salvación de los perdidos y la edificación de la Iglesia. ¡Todos deben leer este libro! El inconverso escuchará el evangelio; el cristiano encontrará el verdadero camino hacia la devoción y el gozo; el ministro será instruido en la tarea de la predicación bíblica del evangelio, y asegurará la salvación tanto para él como para los que lo escuchan (1 Tim. 4:16).

PAUL WASHER
Presidente, Heart Cry Ministry, Radford, Virginia

Como un maestro constructor, Steve Lawson nos da el fundamento de las palabras de Jesús para erigir un marco que muestra el costo, las demandas, las ganancias y las pérdidas de seguir a Cristo. Al hacerlo, el Dr. Lawson nos da un edificio fuerte y firme que trae gloria a Él y a Su verdad.

R. C. SPROUL (1939-2017)
Fundador y expresidente de Ligonier Ministries,
Exrector del Reformation Bible College, Sanford, Florida

Hay libros que se leen, y luego hay libros que te leen a ti. *Te costará todo* es uno de estos últimos: un libro que escudriña tu corazón porque te expone a la mirada santa y compasiva de Jesucristo. En esta pequeña joya, el Dr. Lawson te ayuda a calcular sinceramente el costo de lo que significa ser un discípulo de nuestro Señor. En estas páginas, Jesús se acerca a ti y a mí preguntando: «¿Eres verdaderamente mi discípulo? ¿Soy tu todo en todo?». Dichosos los que, después de leer este libro, pueden confesar verdaderamente que el Espíritu Santo da testimonio a su espíritu sobre un fundamento bíblico de que son hijos de Dios.

JOEL R. BEEKE
Presidente, Puritan Reformed Theological Seminary, Grand Rapids, Michigan

TE
COSTARÁ
TODO

LO QUE JESÚS DEMANDA DE TI

STEVEN J. LAWSON

ESPAÑOL
BRENTWOOD, TENNESSEE

B&H Publishing Group
Brentwood, TN 37027

Diseño de portada: B&H Español

Director editorial: Giancarlo Montemayor
Editor de proyectos: Joel Rosario
Coordinadora de proyectos: Cristina O'Shee

Clasificación: 248.84
Clasifíquese: BIBLIA N.T. LUCAS—ESTUDIO Y ENSEÑANZA / DISCIPULADO /
VIDA CRISTIANA

ISBN: 978-1-0877-5598-4

Impreso en EE. UU.
2 3 4 5 6 7 8 * 27 26 25 24 23

DEDICADO A

AUSTIN T. DUNCAN,
UN FIEL HERMANO EN EL MINISTERIO,
INVALUABLE AYUDA
Y CONSTANTE MOTIVADOR.

ÍNDICE

Prólogo

Durante mi último año en el bachillerato, me ofrecieron una beca de fútbol de cuatro años para jugar en la Universidad de Texas Tech, conocida por su sólido programa deportivo.

En cuanto firmé el acuerdo, todo lo relativo a mi educación universitaria quedó totalmente cubierto durante el resto de mi estancia allí. La matrícula era gratuita. No tendría que pagar por mi habitación. Mis comidas eran gratis. La lavandería era gratis. Mis libros eran gratis. El viaje a casa era gratis. Mis tutores eran gratis. Durante los siguientes cuatro años, toda mi educación universitaria fue pagada en su totalidad. No me costó ni un centavo.

Pero en el momento en que firmé el contrato, me costó todo.

Me comprometí a entrenar dos veces al día bajo un sol abrasador en el oeste de Texas. Había entrenamientos de contacto total. Carreras extenuantes. Ejercicios de agilidad. Levantamiento de pesas. Ejercicios de ataque. Ejercicios de bloqueo. Subir los escalones del estadio.

Fuera del campo, me dedicaba a las reuniones del equipo. Reglas del equipo. Horas de toque de queda. Asistir a clases. Cumplir con las calificaciones que me requerían. Incluso asistir a la iglesia.

En muchos sentidos, los entrenadores del equipo de fútbol eran mis dueños. Me decían a qué hora debía despertar, a qué hora debía dormir, a qué hora debería comer, en qué horario debía llegar a los entrenamientos, cuándo debía asistir a las reuniones del equipo, cuándo podía volar a casa para las vacaciones y cuándo debía regresar al campus. No tenía vida propia. Ellos eran mis dueños.

Esta educación gratuita me costó todo. Tuve que visitar varias veces el hospital y acudir a sesiones con el entrenador de atletismo. Sufrí con sangre y sudor, trabajo y lágrimas. Me costó muchas horas de sueño y renuncié a mi tiempo libre. A cambio, me lesioné en varias ocasiones; acudía a clases con muletas; soporté mucho dolor.

Ninguno de estos sacrificios fue opcional. Todo era obligatorio. De nuevo, mi educación universitaria fue totalmente gratuita. Pero me costó todo.

Esta es una verdadera imagen de nuestra salvación en Jesucristo. Todos nuestros pecados fueron pagados en su totalidad por la vida sin pecado y la muerte sustitutiva de Jesucristo en la cruz. Nosotros no aportamos nada. Su obra consumada está completa. No queda nada que podamos contribuir. El perdón se ofrece como un regalo gratuito y pagado anticipadamente.

Pero, al mismo tiempo, el costo de seguir a Cristo tiene un alto precio.

Requiere una vida de abnegación, muerte al *yo*, sumisión a Cristo, sacrificio por Su reino, padecer adversidad en la vida, atravesar tribulaciones por la fe, ser rechazados por amigos, sufrir persecución del mundo y, tal vez, incluso el martirio.

La salvación es totalmente gratuita. Pero recibirla te costará todo. No se ofrece como una gracia barata. Tampoco se recibe por creencia fácil. No hace falta ser una persona particularmente especial para ser cristiano. Solo se requiere todo.

Este libro nos lleva a través de un desafiante pasaje de las Escrituras, Lucas 14:25-35. Este relato bíblico contiene algunas de las declaraciones más difíciles de Cristo. Son difíciles de escuchar. Difíciles de aceptar. Difíciles de recibir.

Pero estas palabras de Cristo producen enormes dividendos eternos. Prometen riquezas espirituales inimaginables. Conducen a tesoros llenos de bendiciones divinas. Sacrificar todo lo que tienes produce recompensas infinitas. El costo realmente vale la pena.

En este importante pasaje, Jesús expone específicamente lo que significa seguirlo. Confío que, en este libro, llegarás a una comprensión más clara del alto costo del discipulado para tu vida.

Mi deseo es que respondas al llamado del Maestro a seguirlo, en Sus términos.

Bendiciones en Cristo,

Steven J. Lawson
Dallas, TX

SÍGUEME

Y el que no carga su cruz y me sigue…
(Luc. 14:27)

Seguir a Jesucristo es la mayor aventura que podrías emprender. Buscarlo cumple tu mayor propósito, que es magnificar Su gloria. Confiar en Él satisface tu mayor necesidad, que es el perdón de los pecados. Amar a Cristo te da el mayor placer, la suprema alegría de conocerlo.

Ser enseñado por Cristo te da la mayor sabiduría, la verdad divina que solo Él posee. Permanecer en Él imparte el mayor poder, Su gracia que es suficiente para la vida diaria. Caminar con Él te proporciona la mayor comunión, el puro placer de estar en comunión con Él. Y viajar por este camino lleva al mayor destino más allá de esta vida: a Su presencia inmediata en el cielo.

No hay ningún viaje que pueda compararse con este. Seguir a Cristo te llevará desde donde estás hasta donde necesitas estar. Te conducirá a través de todas las experiencias de la vida, desde tus mejores momentos hasta tus noches más oscuras, con Jesús a tu lado. Al seguir Sus pasos, descubrirás la vida abundante que Él vino a dar. Y, en última instancia, te llevará a casa, al cielo, al mismísimo trono de Dios. Ninguna búsqueda en la vida puede compararse con este viaje de seguir a Jesús.

Un viaje espiritual

Cuando Jesús te llama a seguirlo, está comparando la vida cristiana con el camino que debes recorrer. Él te invita personalmente a embarcarte en este viaje espiritual. Con este llamado no te está invitando a solo un paseo *físico* con Él. No te está instando a que pongas un pie delante del otro y, literalmente, te mantengas al paso con Él. Lo que requiere es mucho más profundo que solo recorrer un camino polvoriento con Él. En cambio, está hablando en términos espirituales. Te está invitando a seguirlo en tu corazón. Te está llamando a dar pasos de fe y a seguir Su dirección para tu vida.

Este viaje espiritual determina cómo vives tu vida diaria. Afecta la dirección que tomas en la vida. Jesús se refiere al camino que tomas en este mundo. Esta travesía comprende tus motivaciones, deseos, pensamientos, elecciones y acciones. Jesús se refiere a lo que te impulsa y te dirige.

Cuando el Maestro llama

Nos enfocaremos en un encuentro particular que Jesús tuvo con una gran multitud que lo acompañaba. En su mayor parte, daban toda la impresión de ser Sus discípulos. Caminaban con Él y estaban atentos a Sus palabras. Estaban muy cerca de Él. Pero la realidad era que la mayoría de ellos solo sentía curiosidad por Jesús y permanecía en gran medida sin compromiso y sin convertirse.

Seguir a Jesús se había convertido en algo popular, y Él lo sabía. Con una genuina preocupación por ellos, Cristo se detuvo y se dio la vuelta para dirigirse a ellos. Sus palabras fueron contundentes, ya que no hizo más fácil, sino más difícil, seguirlo. Jesús pidió un compromiso total de sus vidas con Él cuando dijo:

Si alguno viene a mí y no sacrifica el amor a su padre y a su madre, a su esposa y a sus hijos, a sus hermanos y a sus hermanas, y aun a su propia vida, no puede ser mi discípulo. Y el que no carga su cruz y me sigue, no puede ser mi discípulo.

Supongamos que alguno de ustedes quiere construir una torre. ¿Acaso no se sienta primero a calcular el costo, para ver si tiene suficiente dinero para terminarla? Si echa los cimientos y no puede terminarla, todos los que la vean comenzarán a burlarse de él, y dirán: «Este hombre ya no pudo terminar lo que comenzó a construir».

O supongamos que un rey está a punto de ir a la guerra contra otro rey. ¿Acaso no se sienta primero a calcular si con diez mil hombres puede enfrentarse al que viene contra él con veinte mil? Si no puede, enviará una delegación mientras el otro está todavía lejos, para pedir condiciones de paz. De la misma manera, cualquiera de ustedes que no renuncie a todos sus bienes, no puede ser mi discípulo.

La sal es buena, pero, si se vuelve insípida, ¿cómo recuperará el sabor? No sirve ni para la tierra ni para el abono; hay que tirarla fuera. (Luc. 14:26-35).

No es un mensaje agradable

Estas provocadoras palabras fueron pronunciadas casi al final de los tres años de ministerio de Jesús, durante Su último viaje a Jerusalén. En solo unos meses sería crucificado en una cruz romana en esta misma ciudad, que era la sede del establecimiento religioso en Israel. Jesús sabía que le quedaba poco tiempo en esta tierra. Este no era un momento para medir las palabras. Tampoco era el momento de endulzar el mensaje. Jesús no estaba aquí para suavizar Su mensaje ante la multitud. Los problemas eran demasiado grandes, y el tiempo era demasiado corto.

En ese momento crítico, Jesús pronunció palabras directas y exigentes. Sin duda fueron difíciles de escuchar para Sus seguidores. Pero estas palabras eran necesarias y apropiadas para el momento. El peso eterno del asunto tratado exigía Su tono enérgico.

El impacto de estas palabras estaba destinado a despertar a los espiritualmente muertos entre ellos. Jesús tuvo que hablar como lo hizo para captar a los que estaban aletargados. Los llamó a seguirlo en un nuevo viaje que un día los llevaría al trono de Dios. Lo que Jesús dijo a Sus oyentes, ahora te lo dice a ti.

¿Dónde comienza el viaje?

Este viaje de fe comienza en el momento en que llegas a la fe en Jesucristo. Convertirse en un seguidor de Jesús comienza cuando dedicas tu vida a Él. Esta nueva relación no comienza cuando te unes a personas religiosas. Tampoco cuando tratas de convertirte en una buena persona. Comienza cuando le confías tu vida a Jesucristo.

Comenzar este viaje no te cuesta nada. No hay ninguna cantidad de buenas obras que puedas realizar que te haga ganar un lugar en este camino estrecho. No hay ningún peaje que tengas que pagar para entrar en él. No hay ninguna norma moral que debas cumplir. No hay una escalera espiritual que debas subir. No hay rituales que debas realizar. No hay ceremonias a las que debas asistir. No hay absolutamente nada que puedas hacer para merecer comenzar este viaje con Cristo.

Solo puedes entrar en esta relación espiritual por la fe. La Biblia enseña: «Porque por gracia ustedes han sido salvados mediante la fe; esto no procede de ustedes, sino que es el regalo de Dios, no por obras, para que nadie se jacte» (Ef. 2:8-9). Esto no puede ser más claro. La entrada en este camino no se puede ganar con tus buenas obras. Al contrario, se entra por la fe en Él.

El viaje continúa

Este compromiso con Jesucristo es el comienzo de una vida completamente nueva. Anteriormente, tú habías estado caminando de acuerdo con el curso de este mundo. Seguías la dirección del mundo. Buscabas hacer tu propia voluntad. Hacías lo que querías, como querías, cuando querías, con quien querías. Viajabas por el camino ancho que se acomodaba a cualquier forma de vida. Pero cuando vienes a Cristo por la fe, comienza este nuevo viaje que te lleva en una dirección totalmente nueva.

Seguir a Jesús significa que ya no seguimos nuestro propio camino. Ya no seguimos la corriente de la multitud. Comenzamos a recorrer un nuevo camino que va en una nueva dirección. Caminamos como Jesús caminó y lo imitamos. Comenzamos a obedecer la Palabra de Dios como lo hizo Jesús mientras estuvo aquí en la tierra. Debemos amar a la gente como Él amó, incluso a los que son más difíciles de amar. Debemos actuar como Él actuó y reaccionar como Él reaccionó en cada situación. Debemos afrontar los muchos retos de la vida como Él lo hizo, con una confianza suprema en Dios.

Lo que este viaje proporciona

Seguir a Jesús en este viaje te lleva a la mejor vida que puedas vivir. Cuando le entregas tu vida, recibes el perdón inmediato de tus pecados. Los castigos por tus transgresiones son completamente eliminados. Todos los cargos presentados contra ti son cancelados. Eres revestido con la perfecta justicia de Cristo. Se te otorga plena aceptación con el santo Dios en el cielo. Eres liberado de la esclavitud al pecado. Cristo viene a vivir en ti, para nunca dejarte.

Seguir a Cristo te llevará directamente a la voluntad de Dios. El camino que Dios ha elegido conduce a la vida abundante que solo Jesús puede dar. Seguir a Jesús te lleva a la plenitud de las bendiciones de Dios. Cuando caminas con Él, te promete una profunda satisfacción y verdadera felicidad (Mat. 5:3-12). Jesús envía el Espíritu Santo, que da la fuerza para caminar con Él (Juan 14:16-17). El Espíritu es «otro ayudante» que te aconsejará y guiará en el camino elegido. El Espíritu te consolará cuando estés desanimado. Te exhortará cuando seas complaciente. Y te convencerá cuando te desvíes.

Además, Jesús te da Su paz, diferente a todo lo que este mundo puede dar (Juan 14:27). Esta paz es Su serena calma en medio de tus muchas dificultades. Jesús da el verdadero gozo (Juan 15:11). Él te permite vivir triunfalmente ante muchos desafíos. Él te da Su compañerismo mientras caminas con Él diariamente. Te proporciona Su dirección a través del confuso laberinto de este mundo. Provee para todas tus necesidades de acuerdo con Sus riquezas en gloria, y hace que todo funcione para tu bien.

Lo que cuesta el viaje

Sin embargo, seguir a Jesús es un viaje de por vida que tiene un alto precio. Esta no es una relación que se debe entablar a la ligera. Esta decisión requiere el compromiso de toda tu vida con Él. Venir a Cristo exige la máxima prioridad sobre cualquier otro aspecto de tu vida. Requiere la sumisión de tu voluntad a Su señorío. Este camino requiere tu sacrificio e incluso tu disposición a sufrir por Él.

Para ser claro, Jesús no te seguirá a ti... tú eres llamado a seguirlo a Él.

Seguir a Cristo te costará mucho. Te costará tu antigua forma de vida y renunciar a tus pecados del pasado. Te costará una vida de tranquilidad y de vivir para este mundo. Te costará viejos hábitos y viejas asociaciones. Te costará seguir tus planes para tu vida. Te costará tiempo y dinero. Te costará sufrimiento por estar identificado con Él. Te costará oposición y persecución del mundo. Incluso puede costarte la vida. Pero al final, ganarás mucho más de lo que perderás.

A dónde lleva el viaje

Este viaje, sin embargo, conduce a las glorias del cielo, donde Cristo mismo está sentado a la derecha de Dios Padre. Seguir a Jesús nos conducirá a Su presencia inmediata en el mundo venidero. Nos lleva a un nuevo hogar en el cielo donde Él es adorado por todos los creyentes que han puesto su fe en Él. Este viaje nos llevará a donde un número incalculable de ángeles lo están alabando.

Ningún otro viaje nos lleva a un destino tan glorioso. Este camino nos conduce a un lugar mucho mejor que este mundo. Nos lleva a las alturas del cielo, a la presencia de Dios.

¿Dónde estás?

Permíteme preguntarte: ¿dónde estás en este viaje espiritual con Jesucristo? ¿Has comenzado ya este viaje? ¿Eres un genuino seguidor de Jesús? ¿Estás en este camino con Él? ¿Le has confiado tu vida? ¿O simplemente tienes curiosidad?

Si no eres un seguidor de Jesús, el mensaje que Él entregó es especialmente para ti. En esta disertación se explica cómo iniciar este viaje de fe. Aquí se explica cómo dar el primer paso para caminar con Él. Estas palabras de Jesús revelan el punto de entrada a una relación personal con Él.

Lo que Jesús dijo hace tanto tiempo es el mensaje más importante que jamás escucharás. Esta verdad requiere algo de ti. Estas palabras pronunciadas por Jesús no pretenden ser meramente interesantes. Están destinadas a capturar tu vida y asegurar tu alma. Tienen la intención de alistarte para que te conviertas en un verdadero seguidor de Cristo.

Lo que Jesús dice en estas palabras desafiará la fe de todo auténtico discípulo. Este mensaje debería profundizar tu decisión de seguir a Cristo. Si eres creyente, debes reafirmar tu compromiso fundamental con Él. Aquí hay elementos necesarios para tu verdadera espiritualidad y crecimiento en la semejanza de Cristo.

Esto es para ti

No importa en qué etapa de la vida te encuentres, estas palabras de Jesús están dirigidas a ti. Sus palabras son tan relevantes hoy como cuando las pronunció por primera vez. Vale la pena que prestes toda tu atención a cada una de las declaraciones que Jesús hizo a esta multitud. Estas son palabras vivificantes de Aquel que es el camino, la verdad y la vida: Jesucristo nuestro Señor.

Multitudes variadas

Grandes multitudes seguían a Jesús…
(Luc. 14:25)

L as grandes multitudes pueden ser un lugar fácil para escon-
derse. Cuanto más grande es la multitud, más fácil es permanecer en el anonimato. Cuanta más gente se reúna, más fácil
es mezclarse con las masas. Cuanto mayor es la aglomeración,
más fácil es pasar inadvertido. Este fue el caso de las grandes
multitudes que seguían a Jesucristo.

Mientras Jesús viajaba hacia Jerusalén, se dirigía a la misma
ciudad donde sería finalmente crucificado. En este último viaje
a la ciudad santa, el texto bíblico dice que «grandes multitudes»

iban con Él. Este grupo era más que un puñado de personas. Se trataba de una gran confluencia de la humanidad. Notemos que «grandes multitudes», en plural, iban con Él. La suma total de todas estas grandes multitudes, colectivamente, comprendía un vasto mar de hombres, mujeres y niños.

El viaje final

A Jesús le esperaba la muerte en una cruz romana. El dolor insoportable del Calvario estaba a solo unos meses de distancia. Este sería Su último viaje a la ciudad santa. Este era Su último viaje al centro neurálgico del establecimiento religioso. Como Jesús se dirigiría a esta multitud, no era el momento de quedarse corto con Su mensaje. Esta es una oportunidad transitoria para dirigirse a estas personas.

Esta tremenda multitud era un grupo diverso. Todos se unieron para formar una enorme multitud. Los números crecientes formaban una gran cantidad de personas que le seguían. El nivel de entusiasmo de la multitud iba en aumento, ya que Jesús era la figura más atractiva del momento. Todos querían verlo con sus propios ojos. Todos querían escuchar Sus enseñanzas en persona.

Una multitud diversa

En este grupo diverso había todo tipo de personas, que estaban en diferentes circunstancias de la vida. Algunos de los seguidores de Jesús estaban realmente comprometidos con Él. Habían dejado atrás sus viejas costumbres y se habían entregado a Él. Habían entrado en una nueva vida, ya que le seguían con una devoción de todo corazón. Eran verdaderos seguidores que creían que Él era el Hijo de Dios que había venido a rescatar a la humanidad caída.

Otras personas de la multitud eran meros curiosos. Nunca habían visto ni oído a nadie como Jesús. Se sintieron atraídos por Él porque era muy diferente a los otros líderes religiosos. No citaba a los otros rabinos, sino que hablaba con la autoridad directa de Dios mismo. Se referían a Él como rabino y lo reconocían como un maestro que venía de parte de Dios. Se aferraban a cada una de Sus palabras, aunque todavía no estaban convencidos de ellas.

Y otros estaban confundidos sobre quién era Él. *¿No es este el hijo del carpintero? ¿No se llamaba su madre María? ¿Podría venir algo bueno de su ciudad natal, Nazaret? ¿Tiene un espíritu impuro? Este no podía ser el tan esperado Mesías, ¿verdad? ¿Era algo más?* En su confusión, permanecieron sin comprometerse con Él.

Sin embargo, otros en esta gran multitud eran intensamente religiosos, atrapados en el falso sistema de los fariseos. Tenían la forma externa de la religión, pero no la realidad interna de conocer a Dios. Eran inconversos, religiosos, pero perdidos. Lo que es peor, no sabían que estaban sin Dios.

Quiero que observemos estos grupos con más atención. A medida que lo hacemos, podrás identificarte en una de estas categorías.

La minoría comprometida

El primer grupo de esta gran multitud eran los discípulos *comprometidos*. Son los que se convirtieron de verdad. Al menos once de los doce discípulos creían verdaderamente en Él. El Señor los había llamado a dejar atrás sus viejas vidas y seguirlo en este nuevo camino. Los convocó a dejar de vivir para sí mismos. Ahora debían vivir para Él. Once de estos hombres habían respondido a este llamado apremiante. Dieron el paso radical de la fe para seguirlo.

En primer lugar, Jesús había invitado a dos pescadores (Juan y Andrés) a quedarse con Él (Juan 1:35-39). Ellos respondieron entregándole sus vidas. Andrés llevó entonces a su hermano Simón a Jesús, que también se convirtió (Juan 1:40-42). Jesús también llamó a Felipe, diciéndole: «Sígueme» (Juan 1:43). Felipe respondió al llamado y luego fue a buscar a Natanael (Juan 1:45), que se convirtió en un auténtico discípulo.

Jesús llamó a un recaudador de impuestos llamado Mateo para que lo siguiera (Mat. 9:9). Este despreciado publicano había vivido en un mundo de codicia. Existía para acumular las posesiones de este mundo. Pero en ese momento, tomó la decisión de dar la espalda a sus antiguas prioridades. Al instante, entregó su vida a Cristo. Ya no habría vuelta atrás.

La elección radical

El resto de los discípulos (Tomás, Bartolomé, Tadeo, Jacobo y Simón [Mar. 3:18]) tomaron la decisión radical de someter sus vidas al señorío de Jesucristo. Dejaron atrás todo aquello por lo que habían vivido anteriormente. Como un viajero que se acerca a una bifurcación importante del camino, abandonaron la senda ancha y entraron por la puerta estrecha. Dejaron a los muchos para unirse a los pocos. En ese momento decisivo, salieron con una fe decidida para seguirlo.

¿Has abandonado tu antiguo estilo de vida? ¿Has recibido la nueva vida que ofrece Jesús? ¿Has decidido seguir a Cristo? Si es así, estás en el camino correcto con la gente correcta y en la dirección correcta.

La mayoría curiosa

El segundo grupo de esta multitud simplemente tenía curiosidad sobre esta popular figura religiosa llamada Jesús. Sin duda, se sentían atraídos por las cosas notables que habían oído decir de Él. Habían escuchado los informes sobre Sus milagros, algunos lo había visto realizarlos. Otros habían oído noticias de que Dios estaba con Él. Jesús hablaba como ningún otro hombre había hablado antes. Habían escuchado que afirmaba ser el Hijo de Dios. Los movía la curiosidad y tenían que comprobarlo por sí mismos. Muchos de ellos se sintieron atraídos a seguir a Jesús. Tal vez la mayoría de la multitud. Querían ver si esas afirmaciones eran ciertas. ¿Eran válidos los informes que habían escuchado? ¿Podría ser este el tan esperado Mesías? ¿Es Jesús realmente el Hijo de Dios como dice ser? Estos espectadores inquisitivos tenían que verlo por sí mismos. Esto habría comprendido un gran segmento de los que rodeaban a Jesús.

Lo mismo sucede hoy

Muchas personas en la actualidad son así. Se sienten atraídas a Cristo por curiosidad. Se interesan en Jesús porque sigue siendo la figura central de la historia humana. A muchos les intriga lo que Él enseña sobre los temas actuales, ven el bien que se hace en Su nombre, los impresionan los hospitales cristianos, celebran las festividades cristianas como la Navidad y la Pascua.

Sin embargo, estos curiosos no han comprometido sus vidas con Jesús. Simplemente están interesados en la mística que lo rodea. Se sienten atraídos por la singularidad de Cristo. Simplemente forman parte de la multitud que lo acompaña. Pero nunca han entregado sus vidas a Él.

Me pregunto si esto podría describirte a ti. ¿Estás interesado en aprender más sobre Jesucristo? ¿Te das cuenta de que tiene que haber algo más en la vida de lo que has experimentado? Quizá percibes el vacío de este mundo y sientes la carencia de ser meramente religioso. Quizá piensas que verás a Dios después de la muerte y quieres saber qué ocurrirá cuando te enfrentes a Él.

Si esto te describe, entonces debes considerar cuidadosamente lo que Jesús tiene que decir. Solo Él es la fuente de la verdad que te llevará a la vida eterna que solo Cristo puede dar.

Las masas confundidas

También había un tercer grupo en la multitud que seguía a Jesús. Estaban perplejos sobre quién era Él. Simplemente no podían creer Sus afirmaciones de que era divino. ¿No era un hombre como ellos? Tampoco podían entender por qué había venido al mundo. Suponían que era simplemente un profeta de Dios. Pensaban que era un sabio con una profunda visión de las complejidades de la vida. Lo veían como un hombre bueno, cuya vida debía ser emulada, pero nada más allá de esto.

Este segmento de la gran multitud también estaba confundido sobre el camino de la salvación. Suponían que la interpretación de los fariseos era correcta. Seguramente, las personas buenas obtienen su entrada al cielo. Estos líderes religiosos los habían convencido de que debían cumplir la Ley divina para obtener el favor de Dios. Pero habían juzgado mal la perfección absoluta necesaria para entrar en el cielo. No podían comprender que no podían cumplirla, pero seguían intentándolo.

Percepciones erróneas

Muchas personas son exactamente así hoy en día. Presumen que deben realizar una cantidad prescrita de buenas obras para ser aceptados por Dios. ¿Qué cantidad? No lo saben. Trágicamente, nada podría estar más lejos de la verdad. No entienden que todos están privados de la gloria de Dios (Rom. 3:23). En cambio, se aferran erróneamente a la esperanza de que Dios evalúa de acuerdo al promedio. Si son mejores que otros, suponen que pasarán la prueba.

¿Te describe esta percepción defectuosa sobre la salvación? Tal vez no tengas claro lo que se requiere. Tal vez no estás seguro de cómo obtener el perdón de los pecados. Tal vez estás confundido sobre lo que significan las duras palabras de Jesús sobre la entrada en Su reino. Las diferentes voces religiosas que escuchas pueden dejarte inseguro sobre a quién creer. Si esto te describe, debes escuchar lo que Jesús dijo en este encuentro con la multitud.

Los buscadores con convicción de pecado

Un cuarto grupo habría formado parte de esta multitud de personas. Eran personas que realmente buscaban aprender más sobre Jesucristo y la salvación. Lo habían oído predicar sobre el reino de Dios y estaban procesando lo que había enseñado. Entre esta parte de la multitud había individuos que estaban llegando a la convicción de su pecado. Estaban tomando conciencia de su necesidad de recibir el perdón que Jesús les ofrecía.

Estos buscadores con convicción de pecado sabían que tenían el alma vacía. Una profunda inquietud los movía a seguir a este nuevo Maestro. Sin duda, se sentían culpables porque sabían que no cumplían la norma divina de la Ley. Estaban persuadidos de que no estaban a la altura de lo que Dios exigía. ¿Pero qué debían hacer?

Dolorosamente conscientes

Una fuerte alarma sonaba dentro de sus conciencias perturbadas. Eran dolorosamente conscientes de que algo no estaba bien entre ellos y Dios. Algo faltaba. Cuando escucharon a Jesús hablar, se dieron cuenta de que necesitaban entregarle sus vidas. Aprendieron que necesitaban responder a Su oferta gratuita para entrar en el reino de Dios. Pero todavía no habían respondido a esta invitación. Todavía no estaban preparados para hacer esta elección. La magnitud de esta decisión los abrumaba. Pero sentían que no podían abandonar sus viejas costumbres. Se encontraban en la encrucijada de la vida.

Es precisamente ahí donde se encuentran muchas personas hoy en día. Quizás incluso tú. Sabes que todo lo que has vivido hasta ahora no ha sido real. Reconoces la inquietante convicción de tu pecado que no desaparecerá. Sabes que necesitas ser perdonado. Tal vez sigas con la multitud religiosa que se reúne en la iglesia. Tal vez formas parte de un pequeño grupo de estudio bíblico. O tal vez continúas hablando de cosas espirituales con otra persona en el trabajo. Pero todavía no estás allí. No has tomado la decisión de convertirte en un auténtico seguidor de Cristo.

¿Podría esto describir dónde te encuentras ahora mismo?

Los seguidores falsos

En estas grandes multitudes había una quinta categoría de personas. Estos tenían la apariencia de ser discípulos genuinos. Eran expertos en mezclarse con la multitud religiosa. Conocían las palabras correctas para sonar espirituales. Eran hábiles para enmascarar su propio vacío espiritual. Disfrutaban de estar cerca de Jesús. Incluso viajaban con Él. No se quedaban atrás en la distancia. Permanecían al lado de Jesús.

Sin embargo, en realidad no eran auténticos creyentes en Jesucristo. Simplemente estaban atrapados en el entusiasmo de este movimiento. A decir verdad, tenían un apego superficial a Jesús. Tenían un testimonio vacío en Cristo. Sabían de Cristo, pero no lo conocían.

Uno como Judas

Uno de estos seguidores era un hombre llamado Judas. Era un miembro fundador del círculo íntimo que rodeaba a Jesús. Era uno de los doce discípulos que comían y vivían con Jesús. Judas participaba tanto en el ministerio como cualquier otro. Estaba al tanto del funcionamiento interno del reino. Observó de primera mano la integridad personal en Cristo. Escuchó las profundas verdades que Jesús enseñaba. Fue testigo de los poderosos milagros que Jesús realizó. Vio a las personas cuyas vidas habían sido transformadas dramáticamente. Era tan respetado por los otros once discípulos que lo nombraron tesorero a cargo de su dinero.

Sin embargo, a pesar de todas estas ventajas, Judas siguió siendo un discípulo falso. Había perfeccionado el arte de actuar como religioso. Tenía un escondite seguro a la sombra de Jesús. Pero en su corazón, seguía sin comprometerse con Cristo. Judas nunca había muerto a sí mismo. Siguió persiguiendo sus propios intereses egoístas. El principal objetivo de su vida seguía siendo él mismo. Quería a Jesús en sus propios términos. Veía a Jesús como un medio para obtener beneficios personales. No tenía ningún deseo de entregarse a Jesús, sino de entregarlo. De hecho, cuando se presentó la oportunidad, Judas vendió a Jesús a los líderes religiosos de Israel. Trágicamente, se quedó fuera del reino de Dios. Se había vuelto tan hábil para parecer religioso que nadie conocía su hipocresía. Incluso se engañó a sí mismo.

¿Quizá tú?

¿Podría esto describir tu vida? Tal vez la gente piensa en ti como un cristiano. Pero ¿es posible que no lo seas? Tal vez creciste en un hogar cristiano. Tal vez has sido bautizado y te has unido a una iglesia. Tal vez asistes regularmente a un estudio bíblico. Pero ¿podría ser que nunca hayas rendido tu vida a Jesucristo?

Jesús enseña que la entrada a Su reino requiere que sometas tu vida a Él.

¿Podrías estar engañado sobre tu posición con Dios? Hay un gran número de personas que viven bajo esta falsa ilusión respecto a su estado espiritual. ¿Podrías ser uno de estos falsos conversos?

¿Dónde te ves a ti mismo?

Estas mismas categorías aplican para las personas que hoy siguen a Jesucristo. Nada ha cambiado a lo largo de los siglos. Esta misma multitud diversa lo está siguiendo por diferentes intereses. Pocos están comprometidos. Algunos son simplemente curiosos. Muchos están confundidos. Otros se autoengañan.

Cada uno de nosotros necesitamos preguntarnos: «¿Dónde estoy en una multitud como esta?». Tienes que examinarte a ti mismo y determinar dónde estás en tu relación con Jesucristo. Donde estaban las diferentes personas hace dos mil años es donde muchos se encuentran hoy. Nada ha cambiado a lo largo de los siglos.

Un diagnóstico correcto

En la medicina, se dice que un diagnóstico correcto es la mitad del remedio. Lo mismo ocurre en el ámbito espiritual. Es absolutamente imperativo que tengas un diagnóstico correcto de dónde estás con el Señor. Una evaluación correcta de dónde se encuentra tu vida en relación con Jesucristo es vital. Debes saber dónde estás antes de poder saber lo que necesitas y lo que debes hacer.

En los siguientes capítulos analizaremos cuidadosamente lo que se requiere para ser un genuino seguidor de Jesucristo. En el próximo capítulo, descubriremos lo que Jesús dijo. Pero debo advertirle. Lo que vas a leer son palabras fuertes de los labios del Señor. Espero que estés sentado.

PALABRAS IMPACTANTES

Si alguno viene a mí, y no aborrece a
su padre y madre, a su mujer e hijos,
a sus hermanos y hermanas, y aun hasta su
propia vida, no puede ser mi discípulo.
(Luc. 14:26, LBLA)

Jesucristo era una persona que hablaba claro. Siempre decía las cosas como son. Nunca anduvo con rodeos. Cualquier controversia que rodeara Su ministerio, rara vez se debía a que se le malinterpretara. Por lo general, ocurría lo contrario. Los problemas lo seguían porque era explícito en lo que decía. Sus palabras no eran difíciles de entender, solo difíciles de aceptar.

Lo que Jesús le dijo a esta multitud en particular se encuentra sin duda entre las palabras más impactantes que salieron de Sus labios. Esta sacudida fue uno de los pronunciamientos más duros y una de las afirmaciones más exigentes que jamás pronunció. Para recibir estas provocativas palabras se requiere un espíritu enseñable. Cuando Jesús se detuvo para dirigirse a esta multitud, comenzó así: «Si alguno viene a mí, y no aborrece a su padre y madre, a su mujer e hijos, a sus hermanos y hermanas, y aun hasta su propia vida, no puede ser mi discípulo» (Luc. 14:26, LBLA).

Jesús sostenía que los que quisieran ser Sus seguidores debían *aborrecer* a los que más amaban. ¿Hemos oído bien? El Señor afirmó que seguirle requiere aborrecer incluso a las personas que los trajeron al mundo. ¿Esto puede ser correcto? Deben aborrecer a su propio cónyuge con quien se han comprometido incondicionalmente. Deben aborrecer a sus propios hijos que portan su semejanza. ¿Jesús realmente dijo eso? Entonces Jesús va un paso más allá y hace una exigencia aún mayor. Esto hunde todavía más Sus agudas palabras en sus almas. Jesús añadió que cualquiera que quiera ser Su discípulo debe aborrecer su propia vida. ¿Puedes repetir eso?

¿Qué significa esto?

¿Qué quiso decir Jesús con estas palabras aparentemente duras? ¿No se contradice esto con muchas otras cosas que Él enseñó? ¿No dice el quinto mandamiento que debemos honrar a nuestro padre y a nuestra madre (Ex. 20:11)? Sí, la Ley lo enseña. ¿No escribió Moisés que debemos amar a nuestro prójimo como a nosotros mismos (Lev. 19:18)? Ciertamente, lo hizo. ¿No nos ordenó Jesús que amáramos a nuestros enemigos (Mat. 22:39-40)? Sí, lo hizo. ¿No cuidó Jesús mismo a Su propia madre mientras colgaba de la cruz (Juan 19:27)? Por supuesto que sí. ¿No emitió Pablo el mandato de que los esposos deben amar a sus esposas como Cristo amó a la Iglesia (Ef. 5:25)?

Por supuesto. ¿No sostiene la Biblia que, si un hombre no provee para los miembros de su propia casa, es peor que un infiel (1 Tim. 5:8)? Sí y amén.

Una interpretación correcta

El reto para nosotros es interpretar correctamente estas provocadoras palabras de Cristo. ¿Cómo armonizamos esta declaración con las Escrituras que acabamos de citar? ¿Cómo cuadrar estas palabras con todo lo demás que enseña la Biblia? A primera vista, esta exigencia de Jesús parece contradecir el resto de la Biblia. ¿Cómo debemos tomar este duro dicho de Jesús?

Esta aparente contradicción puede resolverse. El enigma puede solucionarse fácilmente. Pero primero, consideremos cómo comienza el duro dicho.

Una invitación abierta a todos

Jesús comienza esta invitación diciendo: «Si alguno viene a mí…» (v. 26). Cuando dice «alguno», extiende esta oferta a todos los de la multitud. Fue un llamamiento abierto que hizo a todas las personas que escucharon Su voz. Se extendió a todos ese día, sin importar su pasado. Se dirigió a todos, ya fueran religiosos o irreligiosos, morales o inmorales, cultos o incultos. Aquí está el ofrecimiento gratuito del evangelio a todos los de la multitud. Jesús también podría haber dicho: «A todo el mundo…». Ninguno fue excluido de esta invitación de brazos abiertos.

Este amplio llamamiento pronunciado por Cristo para que vengamos a seguirlo se sigue extendiendo a lo largo de los siglos. Incluso a nosotros hoy. Se ofrece a cada persona en este momento. Esto te incluye a ti. Tú estás siendo invitado personalmente por el propio Jesús. Hasta el día de hoy, Cristo sigue llamando a personas de todas partes para que se conviertan en Sus discípulos.

El Salvador llama

Este llamado a venir a Jesús requiere que los que están en esta multitud den este paso decisivo de fe para venir a Él. Es decir, deben comprometer sus vidas con Él. Venir a Cristo es lo mismo que poner toda su vida en Sus manos. Significa transferirle a Él su confianza en la salvación. Esta es la única manera de tener una posición correcta ante Dios. En otro pasaje, Jesús expresó: «Yo soy el pan de vida. El que a mí *viene* nunca pasará hambre, y el que en mí *cree* nunca más volverá a tener sed» (Juan 6:35, énfasis mío). Aquí observamos que venir a Jesús es lo mismo que creer en Él.

En otro lugar, Jesús declaró: «¡Si alguno tiene sed, que *venga* a mí y beba!» (Juan 7:37b, énfasis mío). De la misma manera que una persona tiene sed de agua, se la lleva a la boca y la bebe, Jesús llamó a la multitud a venir a Él para recibir la vida eterna. Deben anhelarlo y recibirlo en sus almas. Solo Él puede satisfacer la sed más profunda de sus almas. Un sorbo de Él los satisfará para siempre.

El llamado a todos

En otra ocasión, Jesús hizo una invitación similar cuando dijo: «Vengan a mí todos ustedes que están cansados y agobiados, y yo les daré descanso. Carguen con mi yugo y aprendan de mí, pues yo soy apacible y humilde de corazón, y encontrarán descanso para su alma. Porque mi yugo es suave y mi carga es liviana» (Mat. 11:28-30). Este llamamiento exige que el que se acerca a Cristo se humille y se someta a Su yugo. Nuestro Señor está hablando con un lenguaje metafórico. Como un buey que se somete al yugo de su amo, debemos acudir a Cristo y someternos a Su señorío.

Con esta invitación evangélica, Jesús pedía a los de la multitud que cambiaran su pesada carga de pecado por Su ligero yugo de gracia. Jesús les ofrecía un verdadero descanso para sus almas cansadas. De la misma manera, Él te llama a dejar tus obras con las que pretendes ganar la salvación. Detén tus esfuerzos incansables de justicia propia. Ven y descansa en Su obra salvadora a favor tuyo.

El que hace el llamado establece las condiciones. Nadie viene a Jesús bajo sus propias condiciones. Nadie hace su propio trato con Cristo. Nadie negocia términos más cómodos con el Maestro. No hay un «estira y afloja» entre las dos partes. Los términos solo pueden ser aceptados o rechazados, pero nunca alterados. Jesús mismo es quien fija este requisito.

El aborrecimiento que Jesús ama

Ante el asombro de la multitud, Jesús pone unas condiciones escandalosamente altas. Cristo afirma enfáticamente que, si alguien viene a Él, debe aborrecer a los que más ama. La palabra «aborrecer» salta de la página cada vez que la leemos. Es una palabra que suena dura y ofensiva. Sin duda, esto sacudió a los que la escucharon por primera vez. Estas palabras provocativas exigen una atención cuidadosa. Francamente, estas palabras son demasiado fuertes para ser ignoradas.

Con esta impactante afirmación, Jesús se dirigió a las relaciones personales más apreciadas. Habló de esos lazos humanos de afecto en los que se encuentran las lealtades más profundas. Empezó por lo más cercano a casa. Empezó por los miembros de la familia que más significan para ellos: sus padres, su cónyuge, sus hijos y sus hermanos. «Si alguno viene a mí, y no aborrece a su padre y madre, a su mujer e hijos, a sus hermanos y hermanas, y aun hasta su propia vida, no puede ser mi discípulo». ¿Qué quiso decir Jesús?

Una exageración intencionada

Cuando Jesús habla utiliza una figura retórica conocida como hipérbole. Esta es una declaración exagerada que tiene la intención de estimular el pensamiento y señalar un punto crítico. En este caso, Jesús pone deliberadamente el amor y el aborrecimiento en contraste. Los pone en yuxtaposición como polos opuestos. Cuando Jesús dice que debemos «aborrecer» a los miembros de nuestra familia, en realidad quiere decir que debemos amarlos menos de lo que lo amamos a Él. Indica que cualquiera que quiera seguirlo debe amarlo más que a las personas más cercanas. Debemos amarlo a Él más que a cualquier persona o cosa en este mundo. Si vamos a ser un verdadero discípulo de Cristo, lo que sentimos por los demás debe parecer odio cuando se compara con la mayor devoción que tenemos por Él.

La Escritura interpreta la Escritura

Este entendimiento se confirma cuando usamos la Escritura para interpretar la Escritura. El propio Jesucristo aclara esta desconcertante afirmación en otro lugar cuando dijo: «El que quiere a su padre o a su madre más que a mí no es digno de mí; el que quiere a su hijo o a su hija más que a mí no es digno de mí» (Mat. 10:37). Aquí, las palabras de Cristo se vuelven muy claras. Debemos amar a Jesús más que a todos los demás. Esto requiere la entrega de toda nuestra vida a Él. No puede haber afectos rivales que compitan con nuestro amor a Cristo.

Si vamos a seguir a Cristo, Él debe ser nuestra prioridad y nuestra principal pasión. Jesús no se conformará con el segundo lugar en ninguna vida. Declaró: «Busquen primeramente el reino de Dios y su justicia» (Mat. 6:33). Todo lo demás en la vida es periférico; Jesús es lo principal.

Mente, afectos y voluntad

Amar a Jesucristo comienza con nuestra *mente*. No podemos amar a alguien que no conocemos. No podemos amar a otra persona hasta que sepamos algo sobre ella. Amar a Cristo comienza con saber quién es Él. Cuál es Su carácter. Lo que ha hecho, está haciendo y hará. Debemos aprender lo que Él dijo y enseñó. Para poder amar a Jesucristo, nuestra mente debe estar llena del verdadero conocimiento de Él. El amor por Cristo nunca puede cultivarse en un vacío intelectual. Todo amor por Él comienza con la obtención de un conocimiento más profundo de Su persona.

Además, el amor por Jesucristo también requiere un fuerte *afecto* por Él. Nuestro conocimiento sobre Cristo debe avivar las llamas de los sentimientos profundos hacia Él. A medida que aprendemos sobre la persona y la obra del Señor Jesucristo, nuestros corazones deberían llenarse con un ferviente deseo por Él. ¿Cómo podrían no hacerlo? Contemplar la perfecta santidad de Cristo y observar Su amor sacrificial en la cruz debería derretir nuestros corazones. Ningún seguidor genuino de Cristo puede mirar Su vida sin pecado y Su obra salvadora y no sentirse conmovido. Nuestra relación con Él nunca debe ser fría o estoica. Tiene que haber un ferviente primer amor por Cristo que encienda nuestras almas por Él.

Finalmente, cualquier amor genuino por Cristo también dirigirá nuestra *voluntad*. Jesús declaró: «Si ustedes me aman, obedecerán mis mandamientos» (Juan 14:15). Esto significa que nuestro amor por Cristo debe producir obediencia a Él. Donde el amor genuino por Cristo es la raíz, la obediencia impulsada por la gracia será el fruto.

Un compromiso pleno

El matrimonio es una buena ilustración de esto. Cuando conocí a mi esposa Anne, inicialmente nos conocimos a nivel intelectual. Primero adquirí una comprensión de quién es ella y de lo que le gusta. Me enteré de sus prioridades vitales, sus objetivos y sus ambiciones. Había un componente claramente intelectual en el aprendizaje de sus antecedentes e intereses. A continuación, surgió en mi corazón un nivel de entusiasmo por ella. Me sentía emocionalmente atraído por estar con ella. Estos sentimientos crecieron cada vez más. La profundidad de mi afecto por ella me obligó a pedirle que se casara conmigo. Le prometí mi vida. Cuando me encontraba al frente de la iglesia en nuestra boda, decidí comprometerme con ella para el resto de mi vida.

Esta es una imagen tenue de lo que significa convertirse en un seguidor de Cristo. Significa que llegas a saber de Él. Pero haces algo más que simplemente saber quién es Él y por qué vino. Significa que lo amas y lo adoras. Entonces, eliges dedicar tu vida a Él.

Aborrecer tu vida

Jesús siguió con otra declaración provocativa. Sus siguientes palabras revelaron un nivel aún más profundo de lo que se requiere para seguirlo. Cristo también añadió que cada persona debe aborrecer «aun hasta su propia vida» (v. 26). Estas palabras obligan a amar a Cristo mucho más que a la propia vida. Un seguidor de Cristo debe morir al amor propio. No puedes ser egoísta, hacer tu propia voluntad, ser autosuficiente *y* vivir para Él. Debes amarlo más que a ti mismo.

Jesús entonces lanza esta fuerte advertencia: «No puede ser mi discípulo». Un auténtico seguidor de Jesucristo no puede amarse a sí mismo de forma suprema. Para cualquier discípulo auténtico, Cristo debe ser el afecto número uno. Esta es la lealtad suprema que Él exige. La mayor lealtad de la vida de cualquier seguidor debe ser el Señor Jesús. Este nivel de compromiso no es negociable. Es absolutamente necesario para ser Su discípulo. Jesús no quiere solo un lugar en nuestras vidas. Él ordena la preeminencia.

Términos no negociables

Es fácil quedarse en la multitud, siguiendo a Jesús. Es fácil dejarse llevar por las emociones de la multitud. Pero cuando Jesús se dirigió a la multitud, pidió lo más difícil: la entrega total de la vida de cada persona. De lo contrario, no pueden ser Sus discípulos. Jesús dijo esto en forma negativa para que Sus palabras penetraran. Quería captar su atención y estimular su pensamiento.

Hasta el día de hoy, Jesús sigue llamando a los individuos a que acudan a Él. Esta misma exigencia permanece inalterable hoy en día. Él te llama a amarlo más que a tu propio padre y madre. El Señor te hace este llamado para que lo ames más que a tu hermano y hermana. Te está invitando a tener un mayor amor por Él que por tu propia vida.

¿Has respondido a esta invitación? ¿Has venido a Cristo por fe? Si no es así, hazlo ahora.

SIN LETRA PEQUEÑA

… y él se volvió y les dijo:
«Si alguno viene a mí y no sacrifica
el amor a su padre y a su madre,
a su esposa y a sus hijos, a sus hermanos
y a sus hermanas, y aun a su propia vida,
no puede ser mi discípulo».
(Luc. 14:25-26)

Una cosa es cierta sobre la invitación que Jesús hizo a esta multitud: no había letra pequeña en los términos. No ocultó el costo que suponía seguirlo. Nunca rebajó el precio. Nunca rebajó las condiciones. Nunca suavizó el mensaje. Nunca trató de inducir una decisión superficial. Nunca rebajó el requisito de seguirle.

Las grandes multitudes nunca fueron Su objetivo. Su objetivo era hacer verdaderos discípulos.

Jesús dio a conocer claramente el alto costo de seguirlo. Anunció desde el principio lo que requeriría. Hizo saber a todos Sus oyentes cuál era el precio.

Qué diferente es esto a la forma en que trabajan los charlatanes religiosos. Los charlatanes son estafadores que hablan con suavidad. Son especialistas en el engaño. Son magos de las palabras. Inducen a la gente a comprar su mensaje al ocultar lo que Jesús dijo que era el verdadero costo. Mantienen oculto el alto precio de ser un discípulo. Se centran, en cambio, en las ventajas. Exageran lo que sus oyentes ganarán. Pero nunca les dicen lo que deben sacrificar. Evitan presentar el precio total de un compromiso personal con Cristo.

Es trágico, pero esta es la razón por la que tantas personas suponen que seguir a Jesucristo es como un paseo por un camino sin inconvenientes. Solo oyen hablar de los beneficios del perdón de los pecados. Para ellos, Jesús es como el genio de la lámpara. Siempre a su disposición. Siempre listo para concederles tres deseos. Se concentran en una corona en el cielo, sin considerar la cruz en la tierra.

Una revelación completa

Pero Jesús no. Él habló la verdad con franqueza y sin rodeos. Él dio una revelación completa de lo que costaría seguirlo. Fue sincero con la gente. Entendía que un compromiso genuino requiere que la gente sepa lo que le costará. Por eso habló del sacrificio personal necesario. Los desafió desde el principio con las exigencias del discipulado.

Resulta contrastante que muchos individuos hoy en día no piensan en lo que les costará seguir a Jesús. No debería sorprendernos que las dificultades acompañen al evangelio.

Considera lo que le costó a Jesús comprar nuestra salvación. Tendrá un alto precio para todos los que la reciban. Hubo una cruz para Jesús —y habrá una cruz para nosotros —. Nunca debemos desilusionarnos cuando sufrimos por nuestra lealtad a Cristo. Nada ha fallado. Claro, queremos Sus beneficios. Ciertamente, queremos la provisión y la protección que Él da. Pero no debemos olvidar lo que cuesta ser Su discípulo.

¿Qué es un discípulo?

Llegados a este punto, es necesario plantear una pregunta importante: ¿qué es un discípulo? La palabra «discípulo» es un término que Jesús utiliza tres veces en estos pocos versículos. Es la última palabra en los versículos 26, 27 y 33. La realidad plena de convertirse en discípulo es el eje central de este discurso. Jesús quería que Sus seguidores fueran Sus discípulos más devotos. Nunca le interesó simplemente atraer a curiosos para aumentar la multitud. No quería reunir a personas que fueran simples observadores interesados en Su ministerio. Más bien, exigía seguidores totalmente comprometidos. Solo deseaba a aquellos que sometieran todo su ser. Antes de ascender al cielo, Jesús ordenó a Sus discípulos: «Por tanto, vayan y hagan discípulos de todas las naciones...» (Mat. 28:19). En este encargo, subrayó que buscaba discípulos, no decisiones vacías, ni espectadores pasivos, ni seguidores inconstantes.

Los primeros discípulos no fueron llamados «cristianos» hasta años después (Hech. 11:26). «Cristiano» es la forma diminutiva de Cristo, que significa «pequeño Cristo». Al principio era un término de burla, destinado a mofarse de los primeros creyentes.

Con este nombre, estos primeros seguidores de Cristo eran menospreciados por su relación con Él, un judío crucificado considerado el enemigo público número uno. Pero estos primeros creyentes aceptaron esta asociación con su Maestro. Llevaban el nombre de «cristiano» como una insignia de honor.

Sin embargo, durante el ministerio terrenal de Cristo, estos primeros creyentes fueron llamados primero «discípulos» por el propio Jesús. Un auténtico discípulo era un verdadero creyente en Jesucristo. Hoy en día, el término discípulo ha diluido su significado. Lamentablemente, ha sido despojado de su significado original. Actualmente, la palabra ha sido degradada para representar a cualquiera que asiste a un pequeño grupo de estudio bíblico. O alguien que tiene un nivel más alto de compromiso. Pero tal y como la usaba Jesús, la palabra «discípulo» significaba un auténtico creyente que se entregaba a Él con una fe obediente.

Bajo la tutela del Maestro
Dada la importancia asignada a ser un discípulo, es fundamental que conozcamos el significado de la palabra. Viene de un término griego (*mathetes*) que significa aprendiz o alumno. Era aquel que se sentaba bajo la instrucción directa de un maestro. En la antigüedad, un rabino (que significa maestro) era a menudo un instructor itinerante al que seguía un pequeño grupo de discípulos. Estos estudiantes adoptaban sus enseñanzas y emulaban su vida. El rabino exponía su filosofía de vida y enseñaba sobre una amplia gama de temas. Sus seguidores escuchaban y adoptaban la forma de pensar del rabino. Era común ver estas aulas móviles en sesión activa en las calles de las ciudades.

Un discípulo de Jesucristo es aquel que ha sometido toda su vida a Cristo y vive en obediencia a Sus enseñanzas. En Su ministerio terrenal, Jesús era llamado a menudo rabino, y Sus seguidores eran Sus discípulos. Ser llamado «rabino» (Juan 1:38, 49; 3:2; 4:32; 6:25; 9:2; 11:8) significaba que se le reconocía como un maestro con autoridad. Sus discípulos decidieron reconocer la autoridad de Sus enseñanzas y vivir lo que Él enseñaba.

Dondequiera que Jesús iba, estaba rodeado de aquellos que se sometían a Su enseñanza.

Durante Sus días aquí, Jesús estableció una relación maestro-alumno con los que le seguían. En términos más simples, un discípulo era un aprendiz y seguidor de Cristo. Aprendía lo que Jesús enseñaba y obedecía lo que aprendía. Esta persona obedecía Su enseñanza; sin obediencia activa, nadie podía ser un verdadero discípulo.

Maestro de la verdad divina

A lo largo de Su ministerio, Jesús afirmó que Su enseñanza estaba llena de autoridad. Él enseñó lo que había recibido directamente de Su Padre. Afirmó: «Mi enseñanza no es mía, sino del que me envió» (Juan 7:16). Es decir, Su enseñanza estaba acompañada por la autoridad divina de Dios mismo. En consecuencia, la obediencia a Su enseñanza era una obediencia directa a Dios. Nuevamente sostuvo: «… el que me envió es veraz, y lo que le he oído decir es lo mismo que le repito al mundo. […] y que no hago nada por mi propia cuenta, sino que hablo conforme a lo que el Padre me ha enseñado» (Juan 8:26, 28). Por lo tanto, seguir lo que Jesús enseñaba era en realidad obedecer lo que Dios enseñaba. Jesús afirmó: «Yo hablo de lo que he visto en presencia del Padre» (Juan 8:38). Lo que Jesús recibió de Dios Padre, lo enseñó a Sus discípulos.

En repetidas ocasiones, Jesús afirmó la solidaridad entre lo que Dios le había enseñado y lo que enseñaba a Sus discípulos. «Yo no he hablado por mi propia cuenta; el Padre que me envió me ordenó qué decir y cómo decirlo. Y sé muy bien que su mandato es vida eterna. Así que todo lo que digo es lo que el Padre me ha ordenado decir» (Juan 12:49-50).

Dios habla

De nuevo Jesús afirma: «Las palabras que yo les comunico, no las hablo como cosa mía, sino que es el Padre, que está en mí, el que realiza sus obras» (Juan 14:10b). Jesús sostenía que cada verdad que hablaba provenía del Padre. Además, «estas palabras que ustedes oyen no son mías, sino del Padre, que me envió» (Juan 14:24b). Un discípulo recibe la verdad autorizada de Dios en las palabras de Cristo.

Un discípulo de Cristo reconocía que Su enseñanza no era simplemente una voz más entre los muchos maestros religiosos del mundo. Más bien, un verdadero discípulo se daba cuenta de que Jesús hablaba por la sabiduría sin igual de Dios. Todo lo que Jesús decía debía ser recibido como la suprema palabra de Dios. Un discípulo reconocía que las enseñanzas de Jesús son la máxima autoridad y el árbitro supremo en todo asunto. Todo lo que Jesús dijo, es en realidad la forma en que las cosas verdaderamente son. Un discípulo reconocía el señorío de Cristo y alineaba su vida bajo Su enseñanza.

Enseñar con autoridad divina

Al ser el Hijo de Dios, Jesús enseñaba con autoridad divina. Por consiguiente, los que escuchaban a Jesús «se asombraron de su enseñanza, porque les enseñaba como quien tenía autoridad, y no como los maestros de la ley» (Mat. 7:28-29). Las multitudes que se reunían a Su alrededor estaban «maravillados» y decían: «¿De dónde sacó este tal sabiduría y tales poderes milagrosos?» (Mat. 13:54). Todos los que escucharon a Jesús reconocieron la profundidad de Su enseñanza.

Toda la multitud se «maravillaba de sus enseñanzas» (Mar. 11:18). Esto significa que Su enseñanza los dejó boquiabiertos. Incluso los que fueron enviados a arrestarlo volvieron con las manos vacías, hipnotizados por Sus palabras, declarando: «¡Nunca nadie ha hablado como ese hombre!» (Juan 7:46). Jesús superaba cualquier enseñanza que hubieran escuchado. De nuevo leemos: «La gente quedó admirada de su enseñanza» (Mat. 22:33). Un auténtico discípulo se asombraba de la enseñanza de Jesucristo y decidía seguirlo.

Un discípulo que sigue

Jesús dejó en claro que Sus verdaderos discípulos se caracterizan por cumplir Su Palabra. Declaró: «No todo el que me dice: "Señor, Señor", entrará en el reino de los cielos, sino solo el que hace la voluntad de mi Padre que está en el cielo» (Mat. 7:21). Sus auténticos seguidores son los que viven en obediencia a las enseñanzas de Dios. Jesús preguntó: «¿Por qué me llaman ustedes "Señor, Señor", y no hacen lo que les digo?» (Luc. 6:46). Esta pregunta retórica implica una respuesta negativa. Los que confiesan genuinamente a Jesús como Señor mostrarán la validez de su afirmación por su obediencia. El notorio cambio no era la perfección de sus vidas, sino que su dirección era ahora distinta.

Jesús dijo enfáticamente: «Si se mantienen fieles a mis enseñanzas, serán realmente mis discípulos» (Juan 8:31). Los verdaderos discípulos son obedientes a Su palabra. Pero tal obediencia debe provenir de un corazón de amor por Él: «Si ustedes me aman, obedecerán mis mandamientos. [...] ¿Quién es el que me ama? El que hace suyos mis mandamientos y los obedece» (Juan 14:15, 21a). Un discípulo de Cristo es aquel que camina en obediencia para guardar Sus palabras por amor a Él.

La verdadera medida del éxito

A diferencia de muchos hoy en día, Jesucristo nunca midió el éxito de Su ministerio por el tamaño de la multitud. Él sabía

muy bien lo fácil que era atraer un número creciente de seguidores vacíos. Jesús sabía que cualquiera podía pasar inadvertido
entre la multitud sin hacer un compromiso genuino con Él.
Comprendía la atracción magnética que ejerce un grupo nume-
roso de personas. Mucha gente simplemente quiere estar donde
hay otras personas, nada más. Cuanto más grande sea la multitud, más gente estará presente. Pero pueden estar presentes sin
hacer un verdadero compromiso.

Por el contrario, el Señor deseaba un puñado de discípulos genuinos. Quería unos pocos seguidores que caminaran en
obediencia por encima de un gran número de meros observadores. Le interesaba la realidad espiritual de los individuos
unidos a Él, no el tamaño numérico o la apariencia externa de
la multitud.

Una mirada que discierne

Debido a la superficialidad de la multitud, Jesús hizo algo que
sorprendió a Sus doce discípulos. Evaluó a la multitud y supo
que se había convertido en una mezcla de personas. Estaban en
diferentes lugares, espiritualmente hablando. Algunos estaban
comprometidos. Muchos no estaban comprometidos. Vio que
muchos —si no la mayoría— eran seguidores superficiales sin
ningún nivel de fe en Él. Como resultado, Jesús se detuvo y se
dio la vuelta para dirigirse a esta multitud. Se dio cuenta de que
era demasiado fácil pegársele a Él.

En lo que dijo, el Señor da a conocer los requisitos necesarios para ser un verdadero discípulo. Estos son los requisitos
mínimos para ser Su discípulo. Cuando Jesús pronunció estas
palabras, pidió la entrega incondicional de sus vidas a Él. Esta
sumisión humilde es el sello de un discípulo genuino.

Todavía hoy es impactante

Lo que dijo Jesús sigue siendo impactante hoy en día. Las condiciones para seguirlo siguen siendo tan exigentes como cuando las dijo por primera vez. El alto costo de ser Su discípulo nunca ha sido rebajado. La salvación se ofrece gratuitamente a todos los que la reciben. Jesucristo pagó por completo la deuda de los pecadores en la cruz. Él promete Su gracia salvadora como un regalo gratuito para aquellos que no la merecen. Pero si quieres recibirla, debes humillarte bajo Su suprema autoridad.

Estas palabras pronunciadas por Cristo niegan cualquier creencia fácil. Ningún verdadero discípulo puede vivir en contra de su confesión de Cristo. Esto requiere que te examines a ti mismo. ¿Eres un genuino seguidor de Cristo? ¿Has entregado tu vida a Cristo? Jesús dijo: «Si alguien quiere ser mi discípulo, que se niegue a sí mismo, lleve su cruz cada día y me siga» (Luc. 9:23). Aquí no hay letra pequeña. Para ser un verdadero discípulo, debes salir de la multitud para seguirlo.

¿Seguirás a Jesús?

CARGAR LA CRUZ

Y cualquiera que no toma su propia cruz
y viene en pos de mí, no puede ser mi
discípulo. (Luc. 14:27, RVA-2015)

Pocas declaraciones de Jesús fueron más escandalosas que la que pronunció a continuación. En términos inequívocos, Jesús dijo que cualquiera que quisiera seguirlo debía llevar su propia cruz. La severidad de estas palabras es difícil de entender para la mente moderna. Una enseñanza tan provocativa pretendía captar la atención de Sus oyentes. Sin duda, lo hizo. Estas palabras impactantes deben haber sacudido a esta multitud despreocupada.

Una cruz romana era considerada una obscenidad para el mundo del siglo I. Era una forma de pena capital reservada solo para los criminales más despreciables del Imperio romano. En el mundo antiguo, una cruz era la forma más temida de ejecución pública. Una cruz era tan ofensiva que a ningún ciudadano romano se le permitía sufrir esta cruel muerte. Morir por crucifixión era una muerte lenta y tortuosa que prolongaba la agonía de manera intencionada.

Sin embargo, Jesús dijo a esta multitud que los que quisieran seguirlo debían tomar su cruz. Estas palabras aleccionadoras sacudieron la sensibilidad de la multitud. Cristo pretendía conmocionar su pensamiento. Quiso penetrar en su conciencia. Estas sorprendentes palabras son las siguientes: «Y cualquiera que no toma su propia cruz y viene en pos de mí, no puede ser mi discípulo» (Luc. 14:27, RVA-2015).

Una invitación abierta

En este versículo, Jesús extendió la misma invitación que ya había hecho, solo que esta vez es aún más aleccionadora. Esta exigente convocatoria comienza con una invitación abierta: «cualquiera». Este «cualquiera», que incluye a todos, es paralelo al «alguno» del versículo anterior. No importa quiénes sean, ni lo que hayan hecho, Jesús los invita a responder a este llamamiento. El «cualquiera» es lo suficientemente amplio como para incluir a toda persona de la multitud. Este llamamiento abierto se extendió a todos los miembros de la gran multitud de aquel día. Independientemente de su origen social y de sus fracasos morales, todos fueron invitados a seguirlo. Al decir «cualquiera», Jesús abrió de par en par la puerta que conduce al reino de Dios. Las puertas del paraíso se abrieron para permitir la entrada a todos los que quisieran venir.

Esta misma invitación abierta había sido extendida por Jesús muchas veces. Antes había dicho: «Entren por la puerta estrecha»

(Mat. 7:13). Esta invitación tiene un amplio alcance. Todos los que la escuchan deben venir de inmediato. No importa lo alejada que esté la vida de una persona de Dios. Cristo los invita a todos a venir a Él. En Su época, Jesús fue criticado por asociarse con los pecadores. Sus críticos se quejaron: «Este hombre recibe a los pecadores y come con ellos» (Luc. 15:2). Sin embargo, Jesús declaró: «Y al que a mí viene, no lo rechazo» (Juan 6:37b). También dijo: «¡Si alguno tiene sed, que venga a mí y beba!» (Juan 7:37b). No importaba lo lejos que estuviera la vida de una persona de lo que Dios requería. Jesús los invitó a venir.

Lo mismo ocurre hoy. No importa de dónde vengas en tu vida. No importa lo pecaminoso que hayas sido. No importa lo ofensiva que sea tu vida para Dios. Jesús es el gran Médico del alma. No ha venido al mundo a buscar a los que están bien. Ha venido por los enfermos. Tu pecado no es un obstáculo para que Él te reciba.

Las condiciones de aceptación

Al mismo tiempo que extendía esta invitación abierta, Jesús estableció las estrictas condiciones para seguirlo. Declaró: «Y el que no carga su cruz y me sigue, no puede ser mi discípulo». Esta afirmación contiene una doble negación. Dos veces en este versículo Jesús dice «no». Esto hace que Sus palabras sean doblemente significativas y especialmente enfáticas. Llevar la cruz es obligatorio para todos los que responden a esta invitación. Cualquiera que siga a Cristo debe llevar su propia cruz. Con estas palabras, Jesús no estaba hablando de llevar una pieza de joyería de oro alrededor del cuello. Nadie en la multitud lo habría malinterpretado así.

En el siglo I, la cruz era un instrumento que infligía la muerte más cruel. Era la forma de pena capital más temida en aquella época. La cruz, en el mundo antiguo, era el equivalente a la silla eléctrica o a la cámara de gas. Significaba una muerte horrible que desataba el dolor más atroz posible. La muerte por crucifixión era tan inhumana que se reservaba para los peores criminales. Solo los terroristas, insurrectos, anarquistas, ladrones y asaltantes eran colgados en cruces.

La marcha de la muerte

El procedimiento se desarrollaba de la siguiente manera. Un criminal acusado era juzgado ante un juez, que tenía en sus manos el poder de la vida y la muerte. Si el acusado era declarado culpable de un crimen capital, era condenado a muerte por crucifixión. El criminal se veía obligado a llevar su travesaño por las calles de la ciudad hasta el lugar de ejecución en las afueras. Esto se conocía como la temida «marcha de la muerte». Era una muestra pública de su culpabilidad ante el mundo que lo observaba. Pretendía que el condenado se sintiera muy avergonzado. Llevar la cruz era una admisión forzada de culpabilidad según la ley, un acuerdo con el veredicto del tribunal superior.

Mientras el criminal llevaba su travesaño, la gente de la ciudad se alineaba a ambos lados de las calles. Se trataba de un espectáculo público. Significaba que este delincuente era condenado por Roma y merecedor de la muerte. Este individuo despreciado era considerado ya un hombre muerto. Sobre ese travesaño, el criminal sería clavado y levantado para morir.

Un requisito necesario

Con esta humillante marcha de la muerte, Jesús está afirmando que los que lo siguen deben asumir la misma postura, espiritualmente hablando. Deben verse a sí mismos como si hubiesen estado ante el juicio de Dios, y hubiesen sido encontrados culpables de romper Su Ley moral. Han sido pesados en la balanza y encontrados faltos. Esto significa que están de acuerdo con el veredicto divino del tribunal celestial.

Los que quieren seguir a Cristo deben verse a sí mismos en gran necesidad de la gracia de Dios. Deben acudir a Jesucristo en arrepentimiento y fe para entrar en el reino. Como creyentes, deben llevar su cruz diariamente. Esto significa que los que quieren seguir a Cristo no deben confiar en sí mismos, sino únicamente en Él. Deben mirar continuamente a Jesús para obtener fuerza y dirección.

Seguir a Jesús

Cuando Jesús invitó a la multitud a *seguirlo*, no estaba hablando en términos literales. Como se dijo en el primer capítulo, no estaba requiriendo que dieran pasos físicos a lo largo del camino polvoriento que Él estaba recorriendo. Jesús está hablando en términos metafóricos. Los individuos deben dar un paso decisivo de fe dentro de sus corazones. Él los llamó a seguirlo a través de la fe, no con los pies.

Mediante esta analogía, llevar la cruz representaba la lealtad personal a Cristo. Si alguien quiere seguirlo, debe llevar su cruz en este mundo. Esto significa que deben seguirlo como Él prescribe. Jesús no los seguirá. Por el contrario, ellos deben seguirlo a Él. Es decir, Él no hará lo que ellos exigen. En cambio, deben hacer lo que Él ordena.

Lo mismo es cierto para todos hoy en día. Llevar la cruz es necesario para toda persona que quiera seguir a Cristo. Nadie puede seguir a Jesús *y* continuar viviendo como antes. Seguir a Cristo significa que debes dar un giro completo. Debes cambiar la dirección en la que estabas viajando. Antes de que eligieras seguir a Cristo, estabas caminando lejos de Él (según el curso de este mundo [Ef. 2:3]). Te dirigías hacia la destrucción. Para seguir a Cristo, debes ir en una dirección totalmente diferente. Debes cargar tu cruz y seguirlo.

Un llamamiento apremiante

Cuando Jesús extendió esta invitación, lo hizo de manera apremiante. No fue trivial ni relajado en esta apelación. No fue displicente en Su llamado. No adoptó una actitud de «tómalo o déjalo». Por el contrario, les insistió en que debían responder a Su invitación en ese momento. Esto no era algo que pudiera retrasarse. Era una decisión que no podían posponer. No se les dio la libertad de atender otras preocupaciones primero. No se les dio la opción de perseguir otros intereses por encima de este. Esta era la decisión más importante que tenían ante sí. Había que responder inmediatamente.

Responder a esta invitación es la prioridad de toda persona. Este llamado no puede posponerse. No se puede desplazar hacia abajo en la lista de asuntos urgentes. Responder a esta invitación es el asunto más importante de tu vida. Debe ser respondida ahora.

Ahora es el momento

La Biblia habla de la urgencia de elegir tomar tu cruz y llevarla ahora. El apóstol Pablo escribió: «Les digo que este es el momento propicio de Dios; ¡hoy es el día de salvación!» (2 Cor. 6:2). La palabra «hoy» indica la urgencia apremiante de venir a Cristo. Retrasar la respuesta a esta invitación es un asunto serio. La Biblia declara: «No te jactes del día de mañana, porque no sabes lo que el día traerá» (Prov. 27:1). Esperar para tomar una decisión por Cristo es un aplazamiento que pone en peligro el alma. No tienes ni idea de si tendrás tiempo mañana para tomar esta decisión.

Una decisión para toda la vida

La decisión de llevar o no tu cruz es la que debes tomar. Si decides no hacerlo, eliges no seguir a Cristo. Si decides hacerlo, significa la muerte de tu viejo estilo de vida. Marca el comienzo de una forma de vida completamente nueva. Debes llevar tu cruz en cada paso del camino de la vida por el resto de tu vida. Llevar tu cruz no es un acto único, reservado para el comienzo de tu andar con Cristo. Llevar la cruz debe ser una experiencia diaria y continuará durante toda tu vida.

Si vas a seguir a Cristo, debes salir de la multitud. Debes dar la espalda al mundo. Debes recorrer este nuevo camino. Debes estar dispuesto a ir donde Jesús te envíe. Debes hacer todo lo que Él te llame a hacer. O no podrás ser Su discípulo.

Estas son palabras fuertes. Pero las palabras fuertes hacen discípulos fuertes, que tienen una fe fuerte.

Seguir a Jesús (I)

Y cualquiera que no toma su propia cruz
y viene en pos de mí, no puede ser mi
discípulo. (Luc. 14:27, RVA-2015)

La mayor invitación que jamás se haya hecho la hace Jesús en el evangelio. Es un llamamiento abierto a todos los que oyen Su voz para que vengan a Él. Jesús hizo muchos llamamientos de este tipo a las multitudes a lo largo de Su ministerio público. Repetidamente llamó a la gente a venir y comprometer sus vidas con Él.

Entre estos muchos llamamientos, el más frecuente fue el llamado a seguirlo. Trece veces en los cuatro Evangelios leemos esta palabra: «Sígueme». Esto es exactamente lo que Jesús está diciendo a través de este llamado. Cuando invita a la multitud a venir «en pos de mí», está diciendo «síganme».

Con este llamamiento, Jesús no estaba reclutando a la gente para que se uniera a una causa social. Tampoco estaba reclutando individuos para un movimiento religioso. No estaba reclutando personas para un grupo político. La invitación de Jesús era un llamado a seguirlo en una relación personal y espiritual.

Consideremos los diversos aspectos de este poderoso llamado. Responder a él requiere un compromiso con Jesucristo. ¿Qué tipo de decisión se necesita? Quiero designar seis aspectos de este compromiso que se declaran o están implícitos en este llamado. En el próximo capítulo consideraremos otros seis aspectos.

Un compromiso prioritario

Primero, Jesús estaba llamando a cada persona a seguirlo *pree-minentemente*. Ningún otro llamado que escucharan tendría prioridad sobre este. Responder a esta invitación era la prioridad número uno en sus vidas. Este llamado encabezaba la lista de lo más crítico para ellos. Nada podía eclipsar este llamado. Responder a este llamado sería la decisión más importante de su vida.

El significado de este llamado se encuentra en Aquel que estaba haciendo el llamado: el Señor Jesucristo. Los convocaba Aquel que había sido enviado para rescatarlos de la ira venidera. El que expresaba este llamado era el que había sido validado por Dios como el Mesías enviado para liberarlos de sus pecados. El que hablaba había devuelto la vista a los ciegos, el oído a los sordos, las extremidades a los cojos, la salud a los enfermos, la vida a los muertos y la paz a las tormentas furiosas. Debían responder a Él.

Lo mismo ocurre contigo. El llamado de Jesús a tu vida sigue siendo la cuestión más importante a la que te enfrentas. Nada tiene prioridad sobre este llamado. Responder a él es la máxima prioridad en tu vida.

Un compromiso personal

En segundo lugar, Jesús estaba llamando a cada persona a seguirlo *personalmente*. Cada persona debía tomar esta decisión por sí misma. Nadie más podía responder por ellos. Su cónyuge no podía responder por ellos. Sus amigos no podían responder en su nombre. Aunque eran una gran multitud, esto no se podía responder con un voto grupal. Jesús requería que cada persona individualmente respondiera a esta verdad. Cada persona tenía que ejercer su propia voluntad. Exigía una respuesta personal, no colectiva.

Antes, Jesús había afirmado: «Entren por la puerta estrecha» (Mat. 7:13). Esta puerta representa a Jesús mismo (Juan 10:7) y la conversión que conduce al reino de Dios. Esta puerta es tan estrecha que prohíbe el paso a un grupo de personas. Solo hay espacio para que una persona a la vez pase a través de sus estrechos límites. Todos los que vienen a Cristo deben venir a Él de manera individual.

Esta es la decisión personal que debes tomar para seguir a Cristo. Nadie más puede hacer este compromiso por ti. Tu esposo o esposa no pueden hacerlo por ti. Esta no es una decisión que tu pastor o mentor espiritual puedan tomar por ti. *Tú* debes decidir seguir a Cristo. Esto requiere el ejercicio de *tu* voluntad. Debes apropiarte de esta relación con Cristo.

Un compromiso de arrepentimiento

En tercer lugar, Jesús llamó a aquellos en la multitud a seguirlo *con arrepentimiento*. Los que respondieran al llamado no podían caminar como lo hacían antes. Tenían que hacer un giro en su vida. Tenían que dar la espalda a la práctica del pecado. Tenían que abandonar sus antiguas formas de vida. Ya no podían vivir para sí mismos. Ya no podían correr detrás del pecado que antes perseguían. Debían renunciar al enfoque egocéntrico con el que vivían. Debían abandonar el camino ancho del mundo si deseaban entrar por la puerta estrecha.

El llamado que Jesús hizo fue un mandato al arrepentimiento. Jesús comenzó Su ministerio público con esta declaración: «Arrepiéntanse, porque el reino de los cielos está cerca» (Mat. 4:17). También dijo: «¡Arrepiéntanse y crean las buenas nuevas!» (Mar. 1:15). Para seguir a Jesús, era necesario el arrepentimiento, sentir una tristeza piadosa por el pecado cometido y darle la espalda.

El arrepentimiento es absolutamente necesario para seguir a Jesús. Él es el Hijo de Dios santo y sin pecado. Él nunca ha caminado en el pecado ni ha perseguido los placeres impíos. Aquellos a quienes Él llama a seguirlo deben dar la espalda al sistema del mundo malvado. Deben volver sus rostros hacia Jesús y buscar la santidad personal. Nadie puede seguir a Cristo sin abandonar su anterior estilo de vida en el pecado.

Aquellos inconversos en esta gran multitud estaban viajando por el camino ancho. Este amplio camino era, en esencia, lo suficientemente ancho para que continuaran con sus estilos de vida pecaminosos. Esta gran carretera podía permitir cualquier forma de vida que eligieran. Podía tolerar cualquier estándar de moralidad que desearan. Pero para seguir a Cristo, debían salir de este gran camino y entrar en el camino estrecho que lleva a la vida eterna. Este es el arrepentimiento que exigió Jesús.

Esta exigencia de renunciar al pecado sigue siendo la misma hoy en día. Esta necesidad de apartarse de vivir en el pecado sigue vigente. Seguir a Cristo requiere que te alejes del camino pecaminoso que antes recorrías. Seguir a Jesús significa que te alejes de tu pasado pecaminoso. Requiere que viajes por un camino completamente nuevo de seguir a Jesús con una vida santificada.

Un compromiso de fe

En cuarto lugar, Jesús los llamaba a seguirlo *con fe*. Es decir, esta decisión de seguir a Cristo requería que llegaran a una fe personal en Él. Cuando Jesús hizo este llamado, no les dijo a dónde los llevaría este camino. Tampoco les explicó todo lo que se necesitaría. No reveló quién más se uniría a ellos. Ya sea que toda la multitud viniera, o que nadie más lo hiciera, su única responsabilidad era seguirlo por fe.

Este llamado requería que confiaran en Jesús para todo. Esto empieza por buscar la salvación en Él. Con este compromiso, dependen de Él únicamente para tener una posición correcta ante Dios. Debían depender de Él para que los liberara de la ira de Dios que merecían. Deberían creer en Él para que los rescatara del justo castigo por sus pecados. Debían unirse a Él para recibir Su perdón y justicia.

Un compromiso de todo corazón

En quinto lugar, Jesús llamó a los de la multitud a seguirlo *de todo corazón*. Para responder a este llamado, estos individuos tenían que salir de la multitud y alinearse completamente con Él. No podían ocultarle ninguna parte secreta de su vida. No podían estar mitad adentro y mitad afuera. No podían venir a Él y seguir con la multitud. Toda su vida debía ser entregada a Él, o no podrían ser Sus discípulos.

Nadie podía seguir a Cristo con un corazón dividido. Jesús se refirió a este compromiso de todo corazón cuando dijo: «Nadie puede servir a dos señores, pues menospreciará a uno y amará al otro, o querrá mucho a uno y despreciará al otro. No se puede servir a la vez a Dios y a las riquezas» (Mat. 6:24). Esto significa que nadie podía ser Su verdadero seguidor y al mismo tiempo ser consumido por este mundo. Este llamado exigía una respuesta de todo o nada. No podían andar a medias tintas. Debían plantar ambos pies en este camino.

Nada ha cambiado

Nada ha cambiado hoy. Jesús no aceptará el segundo lugar en tu vida. Él exige la preeminencia principal o no formará parte de ella. No puede haber una lealtad dividida en tu corazón, no puedes seguirlo a Él *y* a otra cosa. No puedes seguir a Cristo *y* perseguir este mundo. No puedes amar a tu familia o a tu trabajo más que a Él. Debes caminar con Jesús *y* huir de los placeres terrenales. Si lo sigues, Jesús debe ser tu mayor pasión y búsqueda.

Con este llamado, Jesús está exigiendo tu total lealtad a Él. Esto exige la respuesta sin obstáculos de todo tu ser. Debe haber una entrega de toda tu vida a Él. ¿Esta es tu situación? ¿Es este el tipo de compromiso que has hecho con Él? Si vamos a seguir a Jesús, debemos estar completamente con Él. Esta es una decisión demasiado importante como para responder a medias.

Un compromiso incondicional

En sexto lugar, Jesús llamó a los de la multitud a seguirlo *incondicionalmente*. Los llamó a seguirlo sin importar lo que requiriera. No importaba a dónde los llevara. Jesús instó a la multitud a seguirlo sin más explicaciones. Independientemente de las dificultades que les esperaran, debían ir tras Él. Sin importar la aflicción que esto les costara. Sin importar la persecución que les esperaba.

No había límites en su compromiso. Lo que fuera necesario para cumplir Su voluntad era lo que debían estar dispuestos a dar. No podía haber ningún discípulo que dijera a Cristo: «Solo iré aquí a servir al Señor, pero nunca allí». No podía haber ningún lugar fuera de los límites donde un seguidor de Cristo no estuviera dispuesto a ir. Un seguidor no tiene poder de veto. Un creyente no puede poner restricciones a lo que haría por Cristo.

En nuestros días, debes tener una confianza incondicional similar en Jesús. No sabes a dónde te llevará este viaje. Ni lo que te exigirá. Ni siquiera sabes quién va a recorrer este camino contigo. Jesús no nos da detalles. No envía Su itinerario para tu vida. No te promete una vida fácil. Todo tu viaje debe ser vivido confiando en nuestro nuevo Maestro. Y aunque no sepas el futuro o lo que te depara, puedes confiar en nuestro Salvador que sufrió en la cruz para redimir a los pecadores perdidos.

Debemos sufrir cualquier dificultad por Él. Debemos estar dispuestos a ir a cualquier parte, hacer cualquier cosa y pagar cualquier precio. Él ha pagado el precio máximo en la cruz. Debemos responder a este gran amor con nuestro propio sacrificio por Él.

¿Dónde comenzamos?

Estas seis marcas de seguir a Cristo definen lo que implica un verdadero compromiso con Él. Este llamado a seguirlo requiere que elijas personalmente comprometer tu vida con Jesucristo. Nadie más puede hacer esto por ti. Esta elección individual requiere nuestro compromiso de todo corazón con Él. No puedes estar mitad adentro y mitad afuera de Cristo. Esta decisión requiere que te arrepientas de tus pecados y dejes de buscar tu voluntad y te vuelvas a Cristo. Debes hacer esto de manera totalmente incondicional. No hay cláusulas de escape en la letra pequeña.

¿Estás listo para hacer este tipo de compromiso con Jesucristo? Ten la seguridad de que Él está listo para recibirte.

Seguir a Jesús (II)

Y el que no carga su cruz y
me sigue, no puede ser mi discípulo.
(Luc. 14:27)

La vida cristiana consiste en seguir a Jesucristo. Ser Su discípulo significa vivir en una relación personal con Él. Implica creer en Jesús, requiere seguirlo durante toda la vida. Incluye adorarlo y glorificarlo. Significa atesorarlo por encima de todo e implica servirlo con todo tu ser. En pocas palabras, la vida cristiana es vivir para Cristo.

Muchos confunden ser un cristiano con simplemente asistir a una iglesia o ser parte de un grupo religioso. Pero ser un seguidor de Cristo es algo mucho más profundo. El cristianismo no consiste en unirse a una causa. Tampoco es mantener un código de conducta. Ser cristiano es vivir una vida entregada a Cristo. Esta es la verdad central que estableció Jesús. Cada individuo no debe conformarse solo con pertenecer a un grupo religioso, sino que debe conocer realmente a Jesús.

Esto es lo que necesitamos experimentar desesperadamente. Debemos conocer a Jesús y convertirnos en Su discípulo. Esta es una decisión que solo puede tener lugar en nuestros corazones. De esta relación personal con Cristo fluye un gran amor por Él y el deseo de adorarlo.

En este capítulo continuaremos lo que empezamos a examinar en el capítulo anterior. Ya hemos señalado los seis primeros aspectos de cómo debemos seguir a Cristo: de forma preeminente, personal, arrepentida, con fe, de todo corazón y comprensiva. A continuación, presento otros seis rasgos distintivos de seguir a Cristo. Consideremos ahora cada uno de ellos, empezando por la séptima marca.

Un compromiso obediente

En séptimo lugar, este llamado de Jesús requería que la multitud lo siguiera *obedientemente*. Esto significa que debían vivir sus vidas en obediencia a Su Palabra. Seguirlo no es una opción, es un mandato. Este llamado es una invitación evangélica. Una oferta libre para ser aceptada o rechazada. Pero es más que eso. También es un mandato que debe ser obedecido. Toda fe salvadora en Jesús es una fe obediente. En el momento en que eliges seguir a Cristo estás respondiendo con un paso inicial de obediencia al imperativo de seguirlo.

En el Evangelio de Juan leemos que creer en Jesús y obedecerlo se utilizan como sinónimos: «El que *cree* en el Hijo tiene vida eterna; pero el que no *obedece* al Hijo no verá la vida, sino que la ira de Dios permanece sobre él» (Juan 3:36, LBLA, énfasis mío). En este versículo, creer en Jesús y obedecerlo no se pueden separar. Creer en Él es obedecerlo. Jesús dijo: «¿Por qué me llaman ustedes "Señor, Señor", y no hacen lo que les digo?» (Luc. 6:46). Esta pregunta retórica implica una respuesta negativa. Ningún discípulo vivirá en una desobediencia prolongada y habitual a Su Palabra. Jesús también declaró: «Si se mantienen fieles a mis enseñanzas, serán realmente mis discípulos» (Juan 8:31). Dondequiera que haya verdadera fe en Cristo, habrá un estilo de vida habitual de obediencia a Su Palabra.

Esclavos de la justicia

Una de las señales de identidad de un verdadero discípulo es la obediencia a lo que Dios manda en Su Palabra. Dios ha dado el Espíritu Santo «a quienes le obedecen» (Hech. 5:32). El apóstol Pablo sostiene que cada persona vive un estilo de vida de obediencia de una manera u otra, al pecado o a Jesús: «¿Acaso no saben ustedes que, cuando se entregan a alguien para obedecerlo, son esclavos de aquel a quien obedecen? Claro que lo son, ya sea del pecado que lleva a la muerte, o de la obediencia que lleva a la justicia. Pero gracias a Dios que, aunque antes eran esclavos del pecado, ya se han sometido de corazón a la enseñanza que les fue transmitida» (Rom. 6:16-17). La cuestión es que cada uno vive en obediencia a su amo. O una persona vive bajo el poder gobernante del pecado o bajo la gracia de Jesús. O bien obedece a Cristo, como su Amo amoroso y justo, o bien obedece al pecado, que lo esclaviza y trae muerte y destrucción.

La Biblia enseña que Jesús es la fuente de salvación «para todos los que le obedecen» (Heb. 5:9). Los que se someten a la autoridad de la Palabra de Dios y la guardan son los que se salvan. Pedro afirma que los que creen en el evangelio obedecen a Jesucristo (1 Ped. 1:2). La Escritura también afirma: «¿Cómo sabemos si hemos llegado a conocer a Dios? Si obedecemos sus mandamientos» (1 Jn. 2:3). Los que verdaderamente conocen a Dios en una relación de salvación son los que viven en obediencia a Él. La fe salvadora siempre comienza con la obediencia: «Y este es su mandamiento: que creamos en el nombre de su Hijo Jesucristo» (1 Jn. 3:23). Para el verdadero creyente, Sus mandamientos «no son difíciles de cumplir» (1 Jn. 5:2-3), porque es un placer cumplirlos.

Un compromiso abierto

En octavo lugar, el llamado de Jesús también requería que los de la multitud lo siguieran *abiertamente*. Deben vivir su lealtad a Él ante los ojos vigilantes de este mundo hostil. Deben dar un testimonio abierto y público de su lealtad a Él. Jesús lo dejó claro: «Si alguien se avergüenza de mí y de mis palabras en medio de esta generación adúltera y pecadora, también el Hijo del hombre se avergonzará de él cuando venga en la gloria de su Padre con los santos ángeles» (Mar. 8:38). En otras palabras, debes dar a conocer sin vergüenza tu relación con Él. No debes ocultar al mundo que eres uno de Sus discípulos.

El apóstol Pablo anunció: «A la verdad, no me avergüenzo del evangelio, pues es poder de Dios para la salvación de todos los que creen: de los judíos primeramente, pero también de los gentiles» (Rom. 1:16). Al afirmar esto con una negativa está haciendo una poderosa declaración de su deseo de dar un testimonio abierto del evangelio. El apóstol declara que está deseando predicar públicamente el evangelio en Roma, la ciudad más difícil del mundo conocido para recibir este mensaje. Sin embargo, esto es lo que requiere seguir a Cristo.

Debemos proclamar a Cristo abiertamente ante todos. Debemos hablar «la verdad con amor» (Ef. 4:15) y también que nuestra palabra sea «siempre con gracia, sazonada como con sal» (Col. 4:6). Somos llamados a ser un testigo fiel de Cristo, con gracia y paciencia hacia los incrédulos.

Este testimonio abierto de Cristo es necesario para cada uno de los que seguimos a Cristo. No podemos caminar con Él y guardar silencio sobre dónde pertenece nuestra lealtad. Es nuestra responsabilidad testificar abiertamente de Él. A medida que Dios nos da oportunidades, debemos hablar a otros de Cristo.

Un compromiso continuo

En noveno lugar, Jesús llamó a los de la multitud a seguirlo *continuamente*. Cuando Cristo dijo «me sigue», está en tiempo presente. Esto significa que los discípulos de Jesús deben seguirlo constantemente cada momento de cada día. Esto requiere un estilo de vida diario de venir en pos de Él. Esto no estaría reservado solo para los domingos. No eran libres de vivir de otra manera durante el resto de la semana. Nunca habría un momento del día, del mes o del año en el que no lo siguieran.

Hay que seguir a Jesús en los buenos y en los malos tiempos. Tanto en los días de prosperidad como en los de adversidad. Nunca debes tomar un día libre de seguirlo. Nunca hay un año sabático. No importa con quién estés. No importa dónde te encuentres. Debes estar siempre viviendo para Cristo a tiempo y fuera de tiempo. Cuando es conveniente y cuando no lo es. Cuando es aceptado y cuando no es aceptado.

Jesús declaró que los que lo siguen deben hacerlo «cada día» (Luc. 9:23). Un compromiso con Cristo no es un evento de una sola vez, sino una realidad continua. Esta decisión nos llevará a un estilo de vida diario, todo el día, continuo.

Un compromiso exclusivo

En décimo lugar, Jesús llamó a los de la multitud a seguirlo *exclusivamente*. Es decir, debían seguirlo solo a Él. No podían seguirlo *y* continuar siendo parte de la religión muerta del judaísmo. No podían seguirlo a Él *y* a la enseñanza mancillada de los fariseos. No podían seguirlo a Él *y* a las tradiciones de los escribas. No podían seguirlo a Él *y* a cualquier religión construida por ellos mismos. Debían seguirlo a Él y solo a Él.

Jesús debía ser su única fuente de verdad. No podían buscarlo a Él *y* a la sabiduría del mundo. No podían ir tras Él *y* los caminos de los romanos o los griegos. Debían seguir la enseñanza de Jesucristo exclusivamente. Él es *el* camino, *la* verdad y *la* vida. No puede ser escuchado como una voz más entre los muchos maestros que compiten por nuestra atención. Debemos seguir a Jesús, y a nadie más.

Un compromiso permanente

En undécimo lugar, aquellos a los que Jesús llamó debían seguirlo *permanentemente*. Tomar esta decisión significaba que no había vuelta atrás a sus antiguos caminos. Él no estaba llamando a un compromiso a corto plazo, a uno que pudiera abandonarse en el camino. Jesús no pedía un paseo momentáneo con Él. Estaba llamando a un acuerdo a largo plazo. Este debía ser un compromiso de por vida que guiara cada uno de sus pasos por el resto de sus vidas. Una vez tomada la decisión, habrían quemado sus puentes detrás de ellos. Su lealtad sería siempre hacia Él.

Jesús declaró: «Nadie que mire atrás después de poner la mano en el arado es apto para el reino de Dios» (Luc. 9:62). Esta afirmación significa que nadie puede arar un surco recto mirando hacia atrás. Debe permanecer con la mano en el arado, mirando hacia adelante. De la misma manera, nadie puede ser un discípulo que se cuestione constantemente si ha tomado la decisión correcta de seguir a Cristo. No se puede avanzar mirando hacia atrás. Un auténtico discípulo no deseará volver a su vida anterior. Jesús afirmó que una persona así no es apta para el reino de Dios. No mientras se aferre a su vida pasada en el pecado.

El apóstol Pedro dijo que un falso creyente vuelve a su vida anterior de pecado, pero no así un verdadero discípulo. Escribió: «En su caso ha sucedido lo que acertadamente afirman estos proverbios: "El perro vuelve a su vómito", y "la puerca lavada, a revolcarse en el lodo"» (2 Ped. 2:22). Un discípulo falso es representado como un perro y un cerdo, ya que vuelve a sus antiguas lujurias. Pero un creyente no es ni un perro ni un cerdo; se lo compara con una oveja. Tiene una nueva naturaleza por la que sigue adelante, en pos de Cristo.

A todo discípulo se le exige un compromiso prolongado de seguir a Cristo. Una vez tomada esta decisión, no podemos volver atrás. No puede haber marcha atrás en la búsqueda de nuestra vida. No puede haber un retorno que nos permita volver a nuestros antiguos deseos y pecados. No hay una política de devolución de noventa días para la cruz que llevamos. Seguir a Cristo es un compromiso de por vida. Seguir a Cristo no es una carrera corta, sino un largo maratón. ¿Ves la profundidad y la duración del compromiso que se requiere para seguir a Jesús?

Un compromiso inmediato

En duodécimo lugar, cuando Jesús llamó a los miembros de esta multitud, debían responder *inmediatamente*. Había una urgencia apremiante para responder a esta invitación en ese mismo momento. Seguir a Cristo no era una decisión que pudiera posponerse. La necesidad era ahora. Otros asuntos tendrían que esperar. La vida era demasiado corta para aplazarla. La muerte se acercaba. La eternidad estaba a un latido de distancia. Este llamado debe ser respondido inmediatamente antes de que sea demasiado tarde.

El llamado del evangelio sigue exigiendo que respondas inmediatamente. Jesús declaró: «Mientras tengan la luz, crean en ella, para que sean hijos de la luz» (Juan 12:36). Hay un tiempo limitado para que creas en Cristo. Debes responder mientras brilla la luz del evangelio. La oportunidad no siempre estará ahí. Siempre que Jesús llama, hay una urgencia de responder inmediatamente.

No te demores

Jesús te está llamando ahora. No te demores en responderle. Él desea que vengas a Él inmediatamente. Debes responder a Su llamado mientras haya tiempo. Pronto se acerca el día en que no tendrás más tiempo.

¿Has reconocido tu necesidad de responder a Su llamado? ¿Saldrás de la multitud y lo seguirás? ¿Vendrás a Él por fe? Te invito a que lo hagas ahora.

CALCULA EL COSTO

Supongamos que alguno de ustedes quiere construir una torre. ¿Acaso no se sienta primero a calcular el costo, para ver si tiene suficiente dinero para terminarla? Si echa los cimientos y no puede terminarla, todos los que la vean comenzarán a burlarse de él, y dirán: "Este hombre ya no pudo terminar lo que comenzó a construir". (Luc. 14:28-30)

Todo lo que merece la pena en la vida tiene un costo. Siempre se requiere un sacrificio personal para obtener algo valioso. Esto es cierto tanto si se trata de tener éxito en el trabajo, disfrutar del matrimonio, triunfar en los deportes o sobresalir con un instrumento musical. Dondequiera que haya una ganancia de algo significativo, hay un sacrificio.

En ninguna parte es esto más cierto que en seguir a Jesús. La salvación se nos ofrece como un don gratuito. Pero recibirla siempre tiene un alto precio. No hay excepciones a esta verdad.

Es cierto que el sacrificio requerido por nuestra fe en Cristo difiere de una persona a otra. El precio que hay que pagar por seguir a Cristo es mayor para unos que para otros. Nacemos en diferentes familias, en diferentes lugares y en diferentes momentos de la historia. Pero siempre habrá un precio que pagar por seguir a Jesús.

Por lo tanto, los que están en la multitud deben calcular el costo de seguir a Jesús *antes* de comprometerse con Él. Si no, podrían tomar una decisión superficial que resultaría poco sincera. Dar este paso es tan importante que Jesús dice que requiere un cálculo sobrio. Nadie debe decidirlo por capricho. Lo que está en juego es demasiado sublime. Se requiere demasiado de ti.

Parábolas consecutivas

Para establecer este punto, Jesús relató a la multitud dos parábolas en orden consecutivo. Una parábola es una historia terrenal con un significado celestial. Estas dos historias fueron contadas una detrás de la otra para comunicar el mismo punto básico. Estas dos parábolas encajan perfectamente: son la cara y la cruz de una misma moneda.

En la primera parábola, Jesús explicó que, si alguien de la multitud decide seguirlo, primero debe calcular el costo. ¿Cuál es ese costo? Les costará todo. La segunda parábola da la otra cara de la moneda. Si eligen no seguir a Cristo, el resultado será el mismo. También les costará todo. El no comprometer sus vidas con Él les costará sufrir la destrucción eterna. Ya sea que comprometan su vida con Él o elijan rechazarlo, les costará *todo*.

Desde que estas palabras fueron emitidas por primera vez, este precio nunca se redujo. Estos términos exigentes siguen siendo los mismos para cada persona hoy en día. ¿Cuál es tu posición? Esta elección afectará tu vida mientras vivas. Incluso determinará tu destino eterno. Cualquiera sea tu decisión, ten cuidado de calcular el costo.

Una pregunta incisiva

En la primera parábola, Jesús incluye una pregunta: «Supongamos que alguno de ustedes quiere construir una torre. ¿Acaso no se sienta primero a calcular el costo, para ver si tiene suficiente dinero para terminarla?» (v. 28). Cuando Jesús planteó esta pregunta, miraba directamente a los ojos de quienes lo escuchaban, con la intención de desafiarlos a evaluar sinceramente su relación con Él.

Con esta pregunta incisiva, Jesús los estaba provocando para que hicieran una evaluación sobre su estado espiritual. ¿Dónde estaban sus corazones en relación con Él? Cristo pretendía que respondieran positivamente. Pero primero debían calcular el costo del discipulado. Quería captar la atención de los que solo sentían curiosidad por Su reputación. Jesús deseaba asegurar el compromiso de aquellos que simplemente estaban atrapados en la emoción de este movimiento.

Calcular el costo

La ilustración de Jesús se basó en la experiencia común de un constructor en su obra. Antes de iniciar un proyecto de construcción, cualquier buen constructor calcularía primero el costo de la obra. Un constructor sabio nunca sería tan necio como para empezar a construir sin calcular primero el costo total.

Sería desaconsejable precipitarse en cualquier proyecto de construcción sin saber primero cuál será el costo total. La razón es muy sencilla. Si el constructor no conoce el gasto que supone, lo descubrirá demasiado tarde. Pronto se dará cuenta de que es incapaz de llevar a cabo esta empresa. Se verá obligado a abandonar el proyecto después de perder tiempo, dinero y esfuerzos muy valiosos, por no hablar del golpe a su reputación.

En esta parábola, Jesús continuó: «Si echa los cimientos y no puede terminarla, todos los que la vean comenzarán a burlarse de él» (v. 29). Lo que este constructor comenzó, no puede terminarlo. ¿Por qué? Porque no calculó el costo antes de iniciar. Todo empezó bien. El terreno se había preparado para la construcción. Se retiraron los árboles. Se construyeron los cimientos. Se colocó la puerta principal en su sitio. Las obras iban bien. Hasta que el proyecto se detuvo inesperadamente. No se construyó más. No se levantaron más paredes. No se construyeron más habitaciones. No se colocó ningún techo sobre la estructura.

Cuando sus vecinos pasaban por delante de este proyecto inacabado, se burlaban de él. Pero no era una risa inocente, era burla hiriente. Se mofaban de él. Este hombre insensato se había convertido en un espectáculo público ante los ojos de toda la ciudad.

El constructor insensato

Los observadores de este proyecto inacabado habrán concluido: «Este constructor insensato no debe haber calculado el costo». Suponen, con razón, que todo lo que se ha gastado en este proyecto se ha desperdiciado por completo. Y lo que es peor, todo el mundo lo sabía. Este constructor imprudente fue objeto de escarnio como un hombre irresponsable que comenzó este proyecto de construcción, pero que no pudo terminar.

Qué imprudente fue este constructor al darse cuenta demasiado tarde de que el costo era demasiado elevado. Lamentablemente, perdería todo lo que había invertido en el proyecto. Qué humillante —incluso vergonzoso— abandonar este proyecto de construcción después de haberlo iniciado. Su único recurso sería retirarse de la obra. Todo estaba perdido.

Una decisión superficial

Esta parábola estaba dirigida a aquellos en la multitud que eran seguidores superficiales de Cristo. Nunca habían calculado el costo de lo que esto requeriría de ellos. Fueron atraídos por el entusiasmo de la multitud. Se sentían atraídos por la energía del movimiento. Estaban interesados en lo que Jesús enseñaba sobre ciertos temas, pero nunca calcularon el costo y el sacrificio final. En consecuencia, nunca se comprometieron realmente con Él. Qué fácil era subirse a este carro y comenzar el viaje. Pero qué difícil sería continuarlo, y mucho más terminarlo. Qué fácil fue lanzar este proyecto. Pero qué costoso sería completarlo.

Un número incalculable de personas son así hoy en día. Parecen empezar bien en su andar con Jesús. Tal vez comienzan a asistir a la iglesia. Tal vez se sienten inspirados a participar en un ministerio. Incluso se sienten conmovidos por la hospitalidad que se les muestra. Todo esto los hace sentir bien. Como resultado, toman una decisión apresurada de repetir una oración con un pastor. Se unen a la iglesia. Participan en algunas reuniones espirituales. Cumplen por inercia normas religiosas. Pero, trágicamente, su aparente cambio de corazón es solo externo. Nunca llegan a conocer genuinamente a Jesús.

Proyectos de construcción abandonados

Como el constructor de la parábola, esta persona impetuosa parece empezar bien. Imagínate a una mujer soltera que comienza a asistir a una iglesia local, participa en un estudio bíblico, hace nuevos amigos y, de repente, se encuentra con cierta persecución por su asociación religiosa. Esto la toma desprevenida. Lucha contra este rechazo. Vuelve con sus antiguos amigos, donde puede ser aceptada. Las viejas tentaciones regresan. Los antiguos hábitos pecaminosos vuelven a surgir. Vuelve a caer en su anterior estilo de vida. Lamentablemente, nunca regresa a la iglesia. Esta mujer es como el hombre de la parábola que comenzó a construir, pero no pudo terminar. El costo de seguir a Cristo era demasiado alto.

Esta parábola representa a un gran número de personas hoy en día. Ellos escuchan la verdad sobre Jesucristo, quieren los beneficios de la salvación, desean la paz mental de saber que sus pecados son perdonados y anhelan un hogar en el cielo, pero no piensan en hacer un compromiso sólido con Cristo. No están dispuestos a renunciar al control de su vida. Así que, cuando llega el momento de tomar una decisión, se alejan de Cristo.

Nunca han calculado el costo

A decir verdad, este tipo de personas nunca han sido verdaderos discípulos. Ellos no perdieron su salvación; nunca la tuvieron. Aunque dieron la apariencia de ser seguidores de Cristo, nunca calcularon el verdadero costo de ser Su discípulo. Nunca fueron auténticos creyentes. El hecho de que se alejen de Cristo revela que nunca han ejercido la verdadera fe salvadora.

Cualquier devoción genuina a Cristo requiere calcular el costo antes de venir a Él. ¿Qué te costará seguir a Cristo? Te costará elegir tu propio camino. Te costará la libertad de hacer tu voluntad. Te costará una vida fácil. Requerirá que ya no vivas para ti mismo. Debes quemar tus puentes detrás de ti. No hay vuelta atrás.

Tiene un costo

¿Cuánto cuesta ser un discípulo de Cristo? Te costará aferrarte a tu superioridad moral. Te costará seguir acariciando tu pecado.

Te costará el control de tu vida. Te costará seguir al mundo. Debes calcular el costo de renunciar a tus propios puntos de vista sobre la vida. Debes considerar el costo de renunciar a la amistad con el mundo. Debes reconocer que ya no eres del mundo. Debes tomar en cuenta el costo de renunciar a los planes para tu vida. Debes estar dispuesto a seguir la voluntad de Dios. Debes calcular el costo de dejar de lado tu propia voluntad por la de Él.

Seguir a Cristo te costará la popularidad con ciertos amigos. Puede costarte el éxito en los negocios. Puede costarte el aplauso de este mundo. Nada en tu vida está fuera de este compromiso con Jesucristo. Debes pensar cuidadosamente en lo que requiere comprometerte con Él. De lo contrario, una decisión apresurada de seguir a Cristo puede esfumarse antes de concluir el proyecto. Debes calcular el costo desde el inicio.

Ten la seguridad de que la religión que no cuesta nada no vale nada y no consigue nada. La religión que no te cuesta ni tiempo, ni meditación, ni abnegación, ni sacrificio, ni oración, ni sufrimiento, ni oposición, ni persecución, ni conflicto, será una religión que nunca salvará tu alma. Es una religión que no te dará ningún consuelo en el día de la adversidad. Es una religión que no te dará paz en el día de tu muerte.

Más ganancias que pérdidas

Una vez hecha esta advertencia, permíteme recordarte que lo que ganas supera con creces las pérdidas. Renuncias a tu culpa y recibes la gracia de Dios. Cambias tu miseria por Su misericordia. Sustituyes el perecer en el pecado por Su perdón del pecado. Sacrificas el aplauso de los hombres por la aprobación de Dios. En realidad, no renuncias a nada… y lo recibes todo.

No sabes a dónde te llevará seguir a Jesús. Tampoco conoces los detalles de lo que se te exigirá. Pero sabes a *quién* estás siguiendo y puedes confiar en Él en cada circunstancia. Puedes confiar plenamente en el Señor. Síguelo, no importa a dónde, no importa a qué, no importa con quién.

Si comprometes tu vida con Cristo, ganarás mucho más de lo que pierdes. Perderás tu vida vieja, pero ganarás una vida nueva y abundante. Perderás este mundo, pero ganarás un mundo futuro mucho mejor. Perderás los placeres pasajeros del pecado, pero ganarás alegrías mucho mejores en Cristo. Los aspectos positivos superan con creces los negativos.

Esta amable invitación a seguir a Cristo se extiende a ti. Pero antes de responder, calcula el costo.

Rendición incondicional

O supongamos que un rey está a punto de ir a la guerra contra otro rey. ¿Acaso no se sienta primero a calcular si con diez mil hombres puede enfrentarse al que viene contra él con veinte mil? Si no puede, enviará una delegación mientras el otro está todavía lejos, para pedir condiciones de paz. (Luc. 14:31-32)

Seguir a Jesucristo exige la entrega incondicional de tu vida. Si vas a ser Su discípulo, debes someterte a Su autoridad suprema. Debes reconocer Su derecho a gobernar sobre ti y cederle todo a Él. Debes renunciar a todos los derechos personales. Este sometimiento es necesario, no es negociable.

En la multitud de aquel día, había quienes no conocían el alto costo de seguir a Cristo. Se dejaron llevar por el bullicio del momento. No tenían ni idea de las exigencias de Cristo o de la peligrosa condición en la que se encontraban. Sin saberlo, estaban en guerra con Aquel a quien seguían. Y lo que es más grave, no sabían que Él estaba en guerra con ellos.

En esta segunda parábola, Jesús abordó esta cruda realidad. Ilustró las serias consecuencias de no seguirlo en Sus términos con la siguiente historia. Esta parábola trata de un conflicto militar entre dos reyes adversarios. Cada monarca tiene a su ejército en marcha. Estos dos gobernantes están en guerra. Pero el enfrentamiento es tremendamente disparejo. El rey que se aproxima conduce a este conflicto a soldados muy superiores. Su fuerza militar dominante provocará la derrota segura del rey inferior. Este gobernante, que tiene menos hombres que su rival, debe rendirse ante el rey que se aproxima antes de que sea demasiado tarde. Al estudiar esta parábola, la aplicación para nuestras vidas será evidente.

Cuando dos reyes se enfrentan

Jesús comenzó por situar el escenario: «O supongamos que un rey está a punto de ir a la guerra contra otro rey» (v. 31). Aquí, Él habló de estos dos reyes que están en guerra entre sí. Cada monarca reinaba sobre su propio reino. Estos dos soberanos entraban en batalla el uno contra el otro, al frente de sus respectivas fuerzas. Había una amarga oposición entre ellos, y una lucha que se había intensificado hasta llegar a un punto de ruptura. Se trataba de dos potencias en intenso conflicto, que involucraba a cada uno de sus reinos. Esta rivalidad era tan intensa que pronto se produciría una batalla inevitable.

En este acalorado enfrentamiento, solo un rey saldrá victorioso. No se trata de dos poderes iguales. Un gobernante es muy superior al otro. El soberano más fuerte obtendrá fácilmente el dominio sobre su enemigo más débil. A su vez, obtendrá el botín de la victoria. El rey inferior lo perderá todo y se convertirá en el esclavo del otro. El que sufra la derrota perderá incluso la vida. Es una batalla en la que el ganador se lo lleva todo.

El cálculo necesario

En esta parábola, Jesús explica además que cuando el rey inferior se da cuenta de que no tiene ninguna posibilidad de victoria contra el monarca superior, debe sentarse «primero a calcular si con diez mil hombres puede enfrentarse al que viene contra él con veinte mil» (v. 31). Este rey en peligro debe considerar lo que significará para él entrar en batalla con el rey dominante. Debe calcular si sus fuerzas pueden resistir un ataque así. Debe sopesar sus posibilidades frente a estas fuerzas que avanzan. El gobernante con escasos recursos militares debe determinar si es lo suficientemente fuerte para resistir el asalto de este rey superior.

La única conclusión racional es esta: no hay manera de que el rey en inferioridad numérica pueda prevalecer contra la amenaza que supone el monarca más fuerte. Si entra en este conflicto, seguramente será derrotado y destruido. No hay posibilidad de que el gobernante superado en número pueda hacer frente a la despiadada agresión del gobernante que posee una fuerza militar superior. El rey que está a punto de ser derrotado debe entrar en razón y darse cuenta sobriamente de que se encuentra en una gran desventaja. Debe actuar inmediatamente antes de que sea demasiado tarde.

El rey inferior

Para entender correctamente esta parábola es necesario identificar estos dos poderes. Mientras Jesús contaba esta historia a la inmensa multitud, los dos monarcas que se enfrentaban estaban allí ese día. El rey inferior representaba a cada uno de los seguidores inconstantes de la multitud ese día. Según esta analogía, cada persona —como un rey— tiene la responsabilidad de presidir los asuntos de su reino. Un gobernante entronizado reina sobre los asuntos de su dominio. Un gobernante debe pensar cuidadosamente en los asuntos que enfrenta. Sus decisiones afectarán al futuro de su reino.

Lo mismo ocurría con cada persona no comprometida de la multitud. Estos seguidores superficiales eran como un rey que gobernaba un reino. En este caso, presidían los asuntos de sus propias vidas. La cuestión de seguir a Cristo requería su cuidadosa deliberación, como un gobernante cuando se le presenta una crisis.

Lo que decidan con respecto a Jesús no solo afectará sus condiciones actuales, sino que, en última instancia, determinará su destino eterno. Ninguna decisión se comparará con la importancia de esta.

El rey que se acerca

En esta parábola, el otro rey es el que relata esta historia. Este monarca que se acerca es el propio Jesucristo, que posee un poder infinitamente superior. Él es el Todopoderoso, el Rey de reyes y Señor de señores (Apoc. 19:16). Él posee y ejerce una soberanía absoluta sobre toda persona viva. Su autoridad no tiene rival. Ningún enemigo puede resistir sus avances. Él afirma: «Se me ha dado toda autoridad en el cielo y en la tierra» (Mat. 28:18). La autoridad incomparable solo le pertenece a Él.

Sobre este Rey, la Biblia declara: «Y se le dio autoridad, poder y majestad. ¡Todos los pueblos, naciones y lenguas lo adoraron! ¡Su dominio es un dominio eterno, que no pasará, y su reino jamás será destruido!» (Dan. 7:14). Pablo sostuvo que Dios Padre «lo resucitó [a Cristo] de entre los muertos y lo sentó a Su derecha en las regiones celestiales, muy por encima de todo gobierno y autoridad, poder y dominio, y de cualquier otro nombre que se invoque, no solo en este mundo, sino también en el venidero.

Dios sometió todas las cosas al dominio de Cristo, y lo dio como cabeza de todo a la iglesia» (Ef. 1:20-22). Esta afirmación anuncia la soberanía ilimitada de Jesucristo sobre todo el universo. Esto incluye a todas las personas de la tierra.

Toda vida humana está sometida a la omnipotencia de Jesucristo. Cada persona está subordinada a Sus decisiones. Pablo escribió: «Por eso Dios lo exaltó hasta lo sumo y le otorgó el nombre que está sobre todo nombre, para que ante el nombre de Jesús se doble toda rodilla en el cielo y en la tierra y debajo de la tierra, y toda lengua confiese que Jesucristo es el Señor, para gloria de Dios Padre» (Fil. 2:9-11). Esta afirmación revela la posición exaltada de Jesús sobre todo el cielo y la tierra.

El conflicto de los siglos

Esta parábola enseña la guerra hostil que existe entre el hombre pecador y el Dios santo. No están en paz el uno con el otro, sino que están en un acalorado conflicto. El rey inferior está en guerra con el Rey superior. Esto representa la enemistad espiritual que toda persona inconversa tiene con Jesucristo. Los que estaban en la multitud ese día no se daban cuenta del estado de guerra en el que se encontraban. Pero es su incredulidad la que los puso en esta guerra espiritual contra Dios. No estaban en condiciones de tener paz con Él, sino que se encontraban en estado de guerra.

El resto de la Biblia confirma esta verdad. Todo incrédulo se encuentra en rebelión cósmica contra el Rey del cielo. Jesús dijo: «El que no está de mi parte está contra mí» (Mat. 12:30). Pablo afirmó que todos los incrédulos son «enemigos» de Dios (Rom. 5:10). Además, están «alejados de Dios y [son] sus enemigos» (Col. 1:21). Esta es la condición espiritual de la raza humana ante el Dios todopoderoso.

El Cristo beligerante

Esta parábola, sin embargo, ilustra algo aún más importante. Representa a Jesucristo en guerra con los pecadores que se niegan a arrepentirse y rendirse a Él. Al hablar de «la ira venidera», Juan el Bautista advirtió que el juicio era inminente: «El hacha ya está puesta a la raíz de los árboles, y todo árbol que no produzca buen fruto será cortado y arrojado al fuego» (Mat. 3:10). Jesucristo mismo será el Ejecutor de esta ira divina contra todos los incrédulos.

Jesús es el que «dicta sentencia y hace la guerra» (Apoc. 19:11). La Escritura añade: «Lo siguen los ejércitos del cielo, montados en caballos blancos y vestidos de lino fino, blanco y limpio. De su boca sale una espada afilada, con la que herirá a las naciones. "Las gobernará con puño de hierro". Él mismo exprime uvas en el lagar del furor del castigo que viene de Dios Todopoderoso» (Apoc. 19:14-15).

La aplicación es inequívoca. Jesús hizo esta advertencia a los de la multitud. No estaban en un estado neutral con Él. No hay un estado neutral con Cristo. O estás de Su lado o estás en guerra con Él. Sin embargo, Él ofrece la paz a través de Sus términos a todos Sus enemigos, pero debes aceptarlos en su totalidad. Él nos extendió la gracia en esta invitación, pero debemos responder con nuestra rendición porque Él se acerca en el juicio final. Esta es una dura verdad, pero verdad al fin y al cabo.

Términos de paz

Al concluir esta parábola, Jesús explicó la misericordia que ofrecía a la multitud. La misericordia se encontraba en la forma en que este rey superior ofrecía condiciones de paz: «Enviará una delegación mientras el otro está todavía lejos, para pedir condiciones de paz» (v. 32). El rey invasor, con fuerzas muy superiores, ofrece condiciones de reconciliación. La única decisión racional que podría tomar el rey inferior sería la de rendirse. Si el rey inferior no acepta esta tregua, perderá la batalla. Cualquier gobernante en su sano juicio entraría en razón y aceptaría la oferta de paz. Este rey inferior no puede sostener el conflicto con este rey superior. Este rey más fuerte se acerca, pero ofrece terminar la guerra con su oferta de paz.

En esta parábola, los términos de la paz se encuentran en la cruz del Señor Jesucristo. Solo Cristo hace la paz entre Dios y los hombres. La Biblia enseña: «Ya que hemos sido justificados mediante la fe, tenemos paz con Dios por medio de nuestro Señor Jesucristo» (Rom. 5:1). Esta paz se encuentra exclusivamente en Jesucristo; Él es «nuestra paz» (Ef. 2:14). Pablo afirma que, en Su primera venida, Jesús «vino y proclamó paz a ustedes que estaban lejos y paz a los que estaban cerca» (Ef. 2:17). Mediante Su muerte sustitutiva, Jesús hizo «la paz mediante la sangre que derramó en la cruz» (Col. 1:20). Esta es la oferta gratuita del «evangelio de la paz» (Ef. 6:15) a los que están bajo la ira divina. La buena noticia es que Dios, en Cristo, perdonará las ofensas de Sus enemigos, por inmensos que sean los pecados.

Rendición incondicional

Jesucristo te extiende Sus términos de paz. Él pondrá fin a la guerra entre tú y Él. Esta es la promesa de la reconciliación total. Ninguna persona que piense correctamente querrá entrar en conflicto con Jesucristo en el día final. Debes responder a Su invitación que requiere tu entrega total. No puedes hacer tu propio trato con Él, porque no negociará. La invitación es a aceptar Sus términos de paz.

Jesús está pidiendo tu respuesta. Acepta Su oferta antes de que sea demasiado tarde. Entrégale incondicionalmente tu vida.

NUEVO GOBIERNO

De la misma manera, cualquiera de
ustedes que no renuncie a todos sus bienes,
no puede ser mi discípulo. (Luc. 14:33)

Cuando Jesús evaluó a la multitud que lo seguía, valoró correctamente cuál era su posición con respecto a Él. Con una visión penetrante, vio sus corazones. Llegó a la conclusión de que necesitaban rendir sus vidas a Él. Todavía necesitaban estar bajo Su autoridad. Todo lo que eran y todo lo que tenían debía estar bajo Su control.

Esto queda claro en la siguiente declaración de Jesús: «De la misma manera, cualquiera de ustedes que no renuncie a todos sus bienes, no puede ser mi discípulo» (Luc. 14:33). Quiero que analicemos detenidamente esta exigente afirmación. Una vez que entendemos su verdadero significado, sus implicaciones para nuestras vidas son impactantes.

Una negativa tajante

Jesús lanza esta parte de Su discurso con una fuerte negativa. Esto era para que Sus palabras agudas tuvieran un borde cortante. Él sostuvo: «No puede ser mi discípulo». Estas palabras tan contundentes son duras. No parece una invitación a seguirlo. Pero así es exactamente como Jesús lanzó esta invitación. Sus palabras mordaces pretendían sacudir a la multitud para que pensara cuidadosamente y evaluara de forma adecuada. Estaba diciendo que ninguno de ellos podía ser Su discípulo a menos que se cumpliera la condición establecida.

Al decir «No puede ser mi discípulo», Jesús estaba indicando que no podían seguir acompañándolo sin comprometerse. No podían continuar siendo solo personas curiosas y, desde luego, no podían ser arrogantes. Debían llegar al punto de compromiso personal con Él.

Cada discípulo, dijo Jesús, debía renunciar «a todos sus bienes» (v. 33). ¿Qué quiso decir nuestro Señor con esta afirmación? ¿Se vende la salvación? ¿Hay que comprar el perdón de los pecados? ¿Debemos entregar todo lo que poseemos?

¿Comprar la salvación?

En primer lugar, Jesús *no* estaba diciendo que los de la multitud debían comprar su salvación. Ninguna cantidad de bienes materiales puede adquirir un lugar junto a Dios. No estaba diciendo que debían liquidar sus bienes materiales para comprar un boleto al cielo. No estaba exigiendo que tuvieran que pagar su cuota de entrada al cielo. Toda la Biblia enseña que la salvación es un don gratuito. La gracia se ofrece sin costo alguno a través de la obra consumada de Jesucristo en la cruz.

Desde el Antiguo Testamento esto fue absolutamente claro. El profeta escribió: «Vengan a las aguas todos los que tengan sed! ¡Vengan a comprar y a comer los que no tengan dinero! Vengan, compren vino y leche sin pago alguno. ¿Por qué gastan dinero en lo que no es pan, y su salario en lo que no satisface?» (Isa. 55:1-2). Dios está diciendo que la salvación nunca se puede comprar con dinero. No se puede intercambiar por nuestro salario. El perdón de los pecados no está a la venta. La redención no se puede comprar con dinero. Ninguna cantidad podría comprar la libertad de los esclavos al pecado. La deuda contraída por el pecado contra Dios es simplemente demasiado grande para ser removida por algún recurso humano.

El apóstol Pedro confirmó este hecho cuando escribió: «Como bien saben, ustedes fueron rescatados de la vida absurda que heredaron de sus antepasados. El precio de su rescate no se pagó con cosas perecederas, como el oro o la plata, sino con la preciosa sangre de Cristo, como de un cordero sin mancha y sin defecto» (1 Ped. 1:18-19). Ninguna persona tiene suficiente oro o plata para comprar la aceptación de Dios. Ninguna cantidad de dinero puede eliminar el pecado del alma humana. Solo la gracia, comprada por Jesús en la cruz, es el único remedio.

¿Convertidos en indigentes?

En segundo lugar, Jesús *no* está diciendo que los que quieran ser Sus discípulos deben hacer un voto de pobreza. Él no está abogando por convertirse en un mendigo como medio de salvación o espiritualidad. Cristo no está enseñando que Sus seguidores deban despojarse de todos los bienes mundanos. Este despojo no tendría sentido y sería una mala administración de los recursos.

Si Sus discípulos vendieran todo lo que poseen, otros tendrían que alimentarlos y vestirlos. Eso sería un testimonio miserable para el mundo.

Por el contrario, la Biblia enseña que, si un hombre no provee para los miembros de su propia casa, es peor que un infiel (1 Tim. 5:8). Esto implica claramente que la cabeza de la familia dispone de recursos económicos y debe utilizarlos para cuidar de su familia; esto indicaría que el marido es buen trabajador y un sostén de la familia. Adquiere riquezas con el propósito de utilizarlas para alimentar y vestir a su propia familia. Sería vergonzoso que otra persona tuviera que mantener a su familia porque él regaló todo su dinero.

Además, los cristianos tienen la responsabilidad moral de ayudar a su prójimo que está en necesidad física. Utilizan sus riquezas para satisfacer las necesidades de los demás: «Supongamos que un hermano o una hermana no tiene con qué vestirse y carece del alimento diario, y uno de ustedes le dice: "Que le vaya bien; abríguese y coma hasta saciarse", pero no le da lo necesario para el cuerpo. ¿De qué servirá eso?» (Sant. 2:15-16). También leemos: «Pero quien tiene los bienes del mundo, y ve a su hermano necesitado y cierra su corazón contra él, ¿cómo permanece en él el amor de Dios?» (1 Jn. 3:17). Si un discípulo no atiende las necesidades de otro discípulo, se pone en duda su amor a Dios.

Además, Jesús relató varias parábolas basadas en el sistema bancario. En estas historias, Cristo abordó la posesión de dinero, así como el dar y pedir prestado. La inversión astuta de los recursos es una virtud, no un vicio. El apóstol Pablo añade que el amor al dinero, y no su posesión, es la raíz de todos los males (1 Tim. 6:10). Algunos de los creyentes más notables de la Biblia eran ricos según los estándares de su época. Entre estos hombres bien dotados económicamente se encuentran Abraham, Job, Salomón y José de Arimatea.

Seamos claros, Jesús no estaba enseñando que Sus seguidores debían regalar todos sus bienes antes de poder entrar en Su reino. Y vemos que tampoco estaba insinuando que debemos comprar la gracia que solo Dios da. Entonces, ¿qué quería decir Jesús?

Administradores, no dueños

En cambio, lo que Cristo está enseñando en esta declaración —«renuncie a todos sus bienes»— es lo siguiente: cada discípulo debe reconocer que ha venido bajo Su señorío. Al hacerlo, han quedado bajo una nueva administración. Como seguidores de Él, se dan cuenta de que son simplemente administradores de lo que Cristo ha puesto en sus manos. Un mayordomo es un administrador de la casa, que supervisa las posesiones de su amo. Sin embargo, él mismo no es dueño de nada. Administra las propiedades que pertenecen al jefe de la casa. Un mayordomo se limita a actuar en nombre de su señor en el manejo de sus bienes. Vive en la casa de su señor y supervisa sus pertenencias. Las utiliza para llevar a cabo los negocios de su señor. Pero en última instancia, él mismo no es dueño de nada.

Este es el punto que Jesús le plantea a la multitud. Deben verse a sí mismos como administradores de lo que tienen. Su dinero permanecerá en su propio bolsillo. Pero ahora deben reconocer que pertenece a Dios. Ya no serán los dueños de lo que tienen, sino simplemente los administradores. Los que siguen a Cristo se convierten en administradores de lo que se les ha confiado. Las cosas terrenales deben utilizarse ahora para la gloria de Dios. Los tesoros terrenales ya no pueden utilizarse para fines egoístas. Deben invertirse en lo que promoverá la obra del reino.

Permíteme transferir esto al ámbito personal. Si te conviertes en un discípulo de Cristo, tu vida ya no será tu vida. Toda tu existencia le pertenece a Él. Tu tiempo ya no será tu tiempo. En cambio, será Su tiempo para ser usado para Sus propósitos. Tus talentos ya no serán tus talentos. Más bien, se convertirán en los de Él y serán utilizados para Sus propósitos. Tu tesoro ya no será tu tesoro, sino que simplemente te será confiado durante este breve tiempo de tu vida. Debes reconocer que todo lo que tienes debe ser visto como bienes de Él.

Un amor prohibido

Un discípulo ya no debe amar por encima de todo las cosas de este mundo. Debe amar supremamente a Dios. La Biblia advierte: «No amen al mundo ni nada de lo que hay en él. Si alguien ama al mundo, no tiene el amor del Padre. Porque nada de lo que hay en el mundo —los malos deseos del cuerpo, la codicia de los ojos y la arrogancia de la vida— proviene del Padre, sino del mundo» (1 Jn. 2:15-16). Un discípulo puede utilizar las cosas de este mundo, e incluso disfrutar de ellas, pero nunca deben capturar y controlar sus afectos. Las principales pasiones están reservadas exclusivamente para Dios.

Esto es precisamente lo que quiso decir Jesús: «No acumulen para sí tesoros en la tierra, donde la polilla y el óxido destruyen, y donde los ladrones se meten a robar. Más bien, acumulen para sí tesoros en el cielo, donde ni la polilla ni el óxido carcomen, ni los ladrones se meten a robar. Porque donde esté tu tesoro, allí estará también tu corazón» (Mat. 6:19-21). Un discípulo no vive para acumular posesiones en esta vida. Invierte lo que tiene en fines eternos. Jesús continuó: «Nadie puede servir a dos señores, pues menospreciará a uno y amará al otro, o querrá mucho a uno y despreciará al otro. No se puede servir a la vez a Dios y a las riquezas» (Mat. 6:24). El Señor no condenó la posesión de riquezas. Más bien denunció el servicio al dinero y el hecho de depositar en él la confianza y la seguridad.

La obtención de la vida eterna

Una vez se acercó a Jesús un joven rico, que le preguntó: «Maestro, ¿qué es lo bueno que debo hacer para obtener la vida eterna?» (Mat. 19:16). Con esta pregunta, este exitoso individuo expresaba que quería obtener la salvación. Pero, al mismo tiempo, quería vivir para las cosas de este mundo. Quería añadir a Jesús a su vida, mientras seguía viviendo para este mundo.

Jesús le respondió: «Por qué me preguntas sobre lo que es bueno? Solamente hay uno que es bueno» (v. 17). Esta persona próspera ignoraba a quién se dirigía. Jesús estaba aclarando que Él era más que un maestro. Era Dios encarnado: verdaderamente Dios y verdaderamente hombre.

El cumplimiento de la Ley

Este joven no se percató de la perfecta santidad de Jesús. Por lo tanto, no pudo ver su propia falta de santidad. Así que Jesús utilizó la Ley para revelar el pecado de este hombre. Le declaró: «Si quieres entrar en la vida, obedece los mandamientos» (v. 17). Jesús no estaba diciendo que este joven pudiera ganarse la salvación mediante la obediencia perfecta. Todo lo contrario, estaba mostrando que en realidad no podía hacerlo.

Este joven de alto nivel preguntó: «¿Cuáles?». A lo que Jesús respondió: «No mates, no cometas adulterio, no robes, no presentes falso testimonio, honra a tu padre y a tu madre y ama a tu prójimo como a ti mismo» (vv. 18-19). Con estos seis mandamientos, Jesús le dio a este hombre la segunda tabla de la Ley. Esta era la parte de los mandamientos más fácil de cumplir. El joven respondió con confianza: «Todos esos los he cumplido.

¿Qué más me falta?» (v. 20). Era ingenuamente inconsciente de su propio pecado.

Amor al dinero

En este encuentro, Jesús observó dentro del corazón del joven rico y detectó su amor desmedido por las posesiones. Jesús tuvo que profundizar y exponer su pecado de codicia. Cristo vio que el dinero era su ídolo. Le dijo: «Si quieres ser perfecto, anda, vende lo que tienes y dáselo a los pobres, y tendrás tesoro en el cielo. Luego ven y sígueme» (Mat. 19:21). Jesús no estaba diciendo que no podía poseer dinero. Más bien quería decir que el dinero no debía poseerlo.

Este costo era demasiado alto para este hombre rico. «Cuando el joven oyó esto, se fue triste, porque tenía muchas riquezas» (v. 22). Este joven gobernante se volvió y se alejó de Cristo. Amaba más sus riquezas terrenales que una herencia espiritual. Se negó a abandonar a su antiguo amo —el dinero— para recibir a un nuevo amo —Jesucristo —.

Entendamos el punto

Este es precisamente el punto que Jesús estableció ante la multitud. Si alguno de ellos iba a convertirse en Su discípulo, debía someterse a una nueva dirección. Tenían que hacer de Él su amor y lealtad suprema en sus vidas. Deberían estar dispuestos a tener todas sus posesiones en una mano abierta. Él debía convertirse en su prioridad número uno y tendrían que amar a Cristo más que a las cosas de este mundo. Esto es, igualmente, lo que Jesús te dice hoy. Cristo ofrece la salvación como un regalo gratuito. Debe ser recibida solo por la fe. Pero la verdadera fe implica la entrega completa de tu vida a Cristo. La fe salvadora es confiarle todo tu ser.

¿Dónde estás parado?

¿Has llegado a este punto? ¿Te das cuenta de que la salvación no es una recompensa que puedes ganar? Por el contrario, la gracia de Dios es un regalo gratuito que se te ofrece. ¿Has recibido este regalo? Seguir a Jesús requiere mucho más que estar simplemente en una multitud religiosa. Ser discípulo es una realidad interna y personal. Venir a Cristo requiere entregar tu vida a Él. Requiere un compromiso que abarca todas las áreas de tu vida. Todo lo que eres y todo lo que posees debe quedar bajo Su nueva dirección.

¿Has dado este paso deliberado de fe? Si vienes a Jesús con una fe decisiva, Él está listo para recibirte.

Sal insípida

La sal es buena, pero, si se vuelve insípida, ¿cómo recuperará el sabor? No sirve ni para la tierra ni para el abono; hay que tirarla fuera. (Luc. 14:34-35a)

Los que seguían a Jesús en la multitud debieron de preguntarse cuándo iba a aligerar el mensaje. Este era un discurso contundente. Seguramente esperaban que, en algún momento, Jesús suavizara Su mensaje. Es probable que anticiparan que Jesús eventualmente reduciría Sus demandas. Seguramente lo suavizará, ¿cierto?

¿Bajará Jesús los requisitos de admisión para entrar en el reino? ¿Reducirá Su llamado a un compromiso radical? ¿Llegará a un acuerdo con ellos?

La respuesta es no. En lugar de disminuir Sus exigencias, Jesús continuó con el desafío provocador de Sus palabras. Convertirse en un seguidor de Cristo nunca debe ser el resultado de una respuesta superficial. Debido a la gran importancia de Su mensaje, Jesús habló además con palabras aleccionadoras sobre lo que requiere el verdadero discipulado. La magnitud de lo que dijo debe haberlos golpeado fuertemente. Su enseñanza fue directa y penetrante. Su verdad era impactante. Sus exigencias no eran negociables. Estas palabras de Jesús los golpearon con la fuerza de un huracán de categoría cinco. No eran difíciles de entender, pero sí de aceptar.

Hasta el día de hoy, lo que Cristo dice sigue teniendo importantes implicaciones para ti. Este mensaje no puede ser fácilmente descartado como si estuviera reservado exclusivamente para esta multitud del siglo I. Esta verdad no puede evitarse relegándola a los tiempos antiguos. Por el contrario, estas palabras son tan exigentes hoy como cuando fueron pronunciadas por primera vez. Se aplican tan directamente a ti como cuando Jesús las pronunció por primera vez. Por lo tanto, debes considerar cuidadosamente lo que exigen o sufrir graves consecuencias.

Un producto positivo

En el siguiente versículo, Jesús llevó su exigente mensaje a una conclusión dramática. Él introdujo estas palabras declarando una verdad general de la vida diaria. Comenzó: «La sal es buena...» (v. 34). Todo el mundo podía entenderlo. Todos podían estar de acuerdo con esto. La sal es buena porque evita que la carne se corrompa. La sal da sabor a los alimentos que de otro modo serían insípidos. La sal limpia lo que es impuro. La sal tiene incluso propiedades médicas que curan una herida abierta.

Un discípulo, dijo Jesús, se asemeja a la sal. Ya había hecho esta comparación en el Sermón del Monte, cuando dijo a Sus discípulos: «Ustedes son la sal de la tierra» (Mat. 5:13). Todos los seguidores de Cristo son la sal de la tierra. Con su presencia en la sociedad, deben ejercer una influencia moral en el mundo. Deben impedir la corrupción pecaminosa del mundo. El impacto penetrante de su santidad personal debe ser una fuerza preventiva en su entorno. Los discípulos no deben ser el azúcar de la tierra, sino la sal. Deben cubrir las heridas abiertas de la inmoralidad del mundo. Deben producir un efecto de limpieza en los que los rodean. Estas influencias santificadoras deben producirse al seguir a Cristo.

La sal que pierde su sabor

Sin embargo, Jesús siguió Su declaración inicial con una severa advertencia: «Pero, si se vuelve insípida, ¿cómo recuperará el sabor?» (v. 34). Jesús estaba indicando que no toda la sal es genuina. Hay sal que inicialmente parece ser auténtica, pero en realidad no lo es. Es necesario un poco de información para entender esto. En esa parte del mundo, había un mineral salado, parecido a la roca, que tenía yeso mezclado. Esta roca híbrida, mitad sal y mitad yeso, no era sal de verdad. Era una imitación fácil de confundir. Si se examinaba con más detenimiento, esta piedra alternativa acabaría demostrando que era un sustituto falso de la sal. Este mineral se parecía a la verdadera, pero al probarlo no tenía el sabor de la sal auténtica. Aunque parecía ser sal, no era auténtica.

Con esta metáfora, el Señor estaba marcando un punto crucial. Contrastaba a un verdadero discípulo con uno falso. El falso seguidor simplemente tenía una fachada externa de discípulo genuino. Pero en realidad, no lo era. Daba la apariencia externa de ser un auténtico discípulo. Pero internamente, carecía de toda autenticidad.

La sal insípida, dijo Jesús, no sirve para nada. Tampoco los discípulos no comprometidos. Aquellos en la multitud con un corazón dividido eran como esta sal falsa. No estaban comprometidos con Cristo. En consecuencia, no poseían ninguna influencia moral sobre el mundo. No servían para contener las influencias corruptas del mal. No añadían nada de sabor a la vida de los demás. Eran como la sal que se ha vuelto insípida. Aunque daban la apariencia externa de ser un verdadero discípulo, en realidad no lo eran. Su compromiso superficial traicionaba una lealtad completa a Cristo.

¿Se puede restaurar?

Luego, Jesús formuló esta pregunta retórica sobre la sal insípida: «¿Cómo recuperará el sabor?». Era una pregunta apremiante que implicaba una respuesta negativa. La respuesta es tan obvia que Jesús no se molestó en brindarla. Esta clase de sal falsa no sirve para nada. Anteriormente en Su ministerio, Jesús declaró: «Pero, si la sal se vuelve insípida, ¿cómo recobrará su sabor?» (Mat. 5:13). Se supone la misma respuesta negativa. La sal verdadera no puede volverse insípida. Tampoco la sal insípida puede convertirse en sal verdadera.

Muchos en la multitud parecían ser sal, pero no eran verdaderos discípulos. Solo tenían un fino barniz de religiosidad. Parecían espirituales cuando se mezclaban con esta multitud religiosa. Pero, con una multitud mundana, se revelaría su verdadera naturaleza. Cuando estuvieran con una multitud diferente, encajarían fácilmente en el molde del mundo. No estaban en peligro de perder su salvación, porque no la poseían. La verdad es que nunca se habían convertido a Cristo. A su debido tiempo, se revelaría su verdadera naturaleza espiritual. Los de la multitud pronto perderían la poca sal que tenían y se revelaría que no eran sal genuina.

No sirve para nada

Jesús continuó esta declaración con un sarcasmo mordaz: «No sirve ni para la tierra ni para el abono» (v. 35). Estaba afirmando que la sal sin sabor no sirve para nada. La imitación de la sal ni siquiera sirve para echarla en el montón de estiércol. En esta época no tenían la comodidad moderna de las cañerías interiores. En consecuencia, los desechos humanos se recogían en una vasija de barro y se llevaban al exterior para arrojarlos a un montón de estiércol. El hedor era repulsivo para la sensibilidad de cualquiera. Para evitar el mal olor se echaba sal sobre los excrementos. Sin embargo, lo que solo parece sal no tiene en realidad ninguna capacidad para frenar este repugnante olor. Esa sal falsa era totalmente inútil para realizar incluso esta función básica. Así es como Jesús describió a la multitud que no estaba comprometida con Él. Eran totalmente inútiles para frenar el mal olor de este mundo pecaminoso.

Aquellos que no estaban completamente comprometidos con Jesús eran como la sal falsa que había perdido su sabor. Esos miembros de la multitud no tenían ningún beneficio para el reino de Dios. Una persona tan marginal no podía hacer ninguna contribución positiva a la misión de Jesucristo. Este tipo de persona (mitad adentro, mitad afuera) no tenía ninguna contribución eterna a los propósitos de Dios.

Ese seguidor de la multitud no era un seguidor de Cristo. Esta persona solo tenía un apego superficial a Cristo y al entusiasmo que lo rodeaba. Esta persona todavía no había llegado a conocer a Jesús personalmente.

Un llamado a la autoevaluación

Estas palabras de Jesucristo son un serio llamado a la autoevaluación. Una vida no evaluada es una vida peligrosa. Una vida tan superficial es el caldo de cultivo del autoengaño. Esto era cierto con los doce discípulos, incluso entre los más cercanos al Señor Jesús. Uno de ellos (Judas) era sal insípida. Era un falso discípulo. Aunque tenía una estrecha asociación con Jesús, no tenía una relación salvadora con Él. Era religioso, pero estaba perdido. Había otros Judas en esta multitud religiosa que iba con Jesús. De la misma manera, muchos en la multitud religiosa de hoy no son genuinos seguidores de Cristo.

El apóstol Pablo escribió: «Examínense para ver si están en la fe; pruébense a sí mismos» (2 Cor. 13:5). Todo el que escuche la Palabra de Dios debería examinar su propia alma. Debería preguntarse: ¿me he convertido realmente a Cristo? ¿Veo la evidencia de una vida transformada? ¿He invocado sinceramente el nombre del Señor para la salvación? ¿Tengo una relación viva con Jesucristo?

Multitudes incalculables profesan la fe en Jesús, pero no lo conocen verdaderamente. Muchos acuden a una iglesia, pero no están en Cristo. Muchos son religiosos, pero no están regenerados.

¿Podría ser esto cierto en tu caso? ¿Podrías estar aferrado a una experiencia de conversión vacía que no fue genuina? ¿Podrías carecer de la seguridad de tu salvación porque no la posees?

Si hay alguna duda sobre dónde estás con el Señor, escucha estas palabras de Jesús. La Biblia también dice: «Busquen al Señor mientras se deje encontrar, llámenlo mientras esté cercano» (Isa. 55:6). Este es el momento de buscar al Señor. Él está cerca de ti. Puedes recibir la gracia salvadora. Acércate a Él por fe.

OÍDOS PARA OÍR

El que tenga oídos para oír, que oiga.
(Luc. 14:35b)

Los que estaban en la multitud que seguía a Jesús oyeron lo que dijo. Su mensaje fue fuerte y claro. Sus palabras eran penetrantes y provocativas. Sus exigencias eran sólidas e impactantes. Ningún hombre había hablado como Él. Nadie había escuchado algo así. Pero ¿lo escucharían realmente? ¿O Sus exigencias solo les entrarían por un oído y les saldrían por el otro?

Resulta trágico que muchos en la multitud no escucharon lo que Jesús dijo. Probablemente la mayoría cayó en esta categoría. Por supuesto, escucharon Su discurso. Sus oídos físicos captaron el sonido de lo que dijo. Pero pocos escucharon la verdadera realidad y el peso de lo que dijo. Lo oyeron, pero no escucharon. No escucharon con oídos espirituales. Sus palabras desafiantes eran inaudibles para ellos.

Para llegar a sus corazones, Jesús lanzó un último desafío. Es como si los agarrara por los hombros y los sacudiera para llamar su atención. Entonces, Jesús concluyó con estas palabras: «El que tenga oídos para oír, que oiga» (v. 35). ¿Qué quería decir? ¿Acaso no tenían todos oídos para oírle? ¿Por qué diría Jesús esto? Por supuesto que lo escucharon. ¿O no?

Se necesitan oídos espirituales

Esta súplica urgente del Señor Jesús exhortaba a la multitud a que escuchara con oídos espirituales. Los instó a prestar la máxima atención a lo que Él había dicho. Es cierto que escucharon la verdad con sus oídos naturales, pero necesitaban recibir lo que Él decía con oídos espirituales. Para que estas palabras salieran de sus cabezas y llegaran a sus corazones, necesitaban oídos espirituales. Solo entonces Sus palabras serían recibidas en sus corazones y almas. Entonces tendrían la responsabilidad de responder correctamente. Porque oír, pero no hacer, era no oír en absoluto.

Lamentablemente, la mayoría de la multitud ese día no escuchó en realidad lo que Él estaba diciendo. Por diferentes razones, muchos en la multitud habían hecho oídos sordos a Sus demandas. Unos pocos lo escucharon con oídos perspicaces, pero solo un pequeño porcentaje de ellos. ¿Por qué muchos no escucharon realmente las palabras de Jesús? ¿Por qué tenían oídos para oír, pero no oían? Si esta multitud era como la mayoría de la gente, una variedad de razones les impidió escuchar lo que Jesús estaba diciendo realmente.

Distracciones mentales

En primer lugar, algunos en la multitud no escucharon a Jesús porque estaban preocupados por otros asuntos. Estaban físicamente presentes con Cristo, pero estaban mentalmente ausentes. Sus cuerpos estaban allí, pero sus mentes estaban en otro lugar. Muchos en la multitud podían estar fácilmente distraídos con preocupaciones mundanas. Sus mentes se desviaban hacia diversos asuntos temporales. Tal vez los distraían asuntos de la casa, del trabajo, la familia, o incluso se distraían con otros presentes ese día.

Jesús dijo que cuando la Palabra sale, esta sería una de las respuestas. En la parábola del sembrador explicó que muchos oyen, pero realmente no escuchan (Mat. 13:17). Una de las razones era que, cuando se sembraba la semilla de la palabra, esta caía «entre espinos» y «las preocupaciones de esta vida y el engaño de las riquezas la ahogan» (Mat. 13:22). Estas preocupaciones por las cosas de este mundo impiden a muchos escuchar lo que Jesús dijo.

Muchos hoy en día se distraen de manera similar cuando se da a conocer el evangelio. Se sientan en la iglesia a escuchar la Palabra, pero su mente está lejos. Sus pensamientos están en otra parte. La Palabra entra por un oído y sale por el otro. Oyen, pero no escuchan. Sueñan despiertos mientras se predica el evangelio. Esta verdad requiere que prestes la más estricta atención a lo que Jesús ha dicho.

A todo el que escucha la Palabra se le ordena estar «listos para escuchar, y ser lentos para hablar y para enojarse» (Sant. 1:19). Debes esforzarte por ser un oyente atento cuando se proclama la Palabra y tratar de entender lo que el Señor está diciendo. Cuando la Palabra es proclamada, Jesús está hablando y tú debes escuchar. No discutas con Sus enseñanzas, porque las excusas solo te impedirán escuchar. Presta mucha atención a lo que escuchas de las palabras de nuestro Señor, porque en ellas está la vida y la salvación.

Limitaciones físicas

En segundo lugar, otros en la multitud estaban físicamente cansados y débiles. La mayoría habría estado sin comida ni agua durante algún tiempo. Así había sucedido antes, cuando Jesús alimentó a los cinco mil hombres más un número incalculable de mujeres y niños (Juan 6:1-14). Conseguir comida y agua para una multitud tan grande era difícil en el siglo I. El hambre y la sed crecientes habrían sido un obstáculo para escuchar las enseñanzas de Jesús. Los pies les habrían dolido de tanto caminar y la espalda por estar tanto tiempo de pie. Sus rostros se habrían quemado por el sol abrasador. Sus labios estarían resecos. Estas condiciones habrían dificultado estar atentos a la Palabra que Jesús estaba predicando ese día.

Del mismo modo, muchos hoy en día no escuchan realmente la Palabra de Dios porque están constreñidos por limitaciones físicas. Se han quedado despiertos hasta tarde el sábado por la noche, y luego llegan arrastrándose a la iglesia el domingo por la mañana. Llegan tarde al servicio. Han desayunado poco o nada. No tienen energía para escuchar cuando se predica la Palabra. Sueñan despiertos durante el sermón. Se desconectan del mensaje. Se quedan dormidos mientras se predica la Palabra. ¿Es de extrañar que no reciban lo que escuchan?

Histeria emocional

En tercer lugar, otros habrían sido incapaces de escuchar lo que Jesús dijo porque estaban demasiado involucrados emocionalmente. El entusiasmo de la multitud los habría llevado a un frenesí eufórico. El alboroto los habría dejado incapaces de ejercer el pensamiento racional necesario para procesar el mensaje. Sus corazones habrían superado a sus cabezas. La dinámica de la multitud hacía que la gente se dejara llevar por la adrenalina del momento.

Muchos en la multitud se habrían dejado llevar por la histeria de buscar el despliegue sobrenatural de Su poder. Habían oído cómo sanaba a los enfermos, sabían cómo expulsaba a los demonios e incluso habían oído las noticias de que había resucitado a los muertos. Pero esta preocupación por los milagros físicos frenaba el apetito por la verdad espiritual. En una ocasión, Jesús se alejó de la gente porque querían ver milagros. Él respondió: «Vámonos de aquí a otras aldeas cercanas donde también pueda predicar; para esto he venido» (Mar. 1:38).

La prioridad espiritual que Jesús dio a Su ministerio terrenal fue la predicación de la Palabra, no la realización de milagros. De la misma manera, hay muchas personas hoy en día que no escuchan lo que Jesús enseña en Su Palabra debido a su obsesión con los milagros. Se desvían fácilmente porque quieren ver un despliegue de lo sobrenatural ante sus ojos. Por esta razón no escuchan con los oídos. Es su fijación con los milagros lo que les hace perder completamente el mensaje.

Ese estado de hiperexcitación impedía a la gente escuchar las palabras de Cristo. Sus oídos no retenían Sus enseñanzas. Debido a sus emociones no escuchaban lo que Jesús estaba diciendo.

¿Podría este torrente de agitación impedirte escuchar la Palabra? Tal vez asistes a una iglesia donde las emociones frenéticas superan la profundidad del intelecto. ¿Podría ser que la verdad directa de la Escritura está siendo desplazada por las emociones descontroladas? Si es así, es fácil que no puedas escuchar la verdad que Jesús te está diciendo. Es crucial prestar atención a lo que el Señor está diciendo en Su Palabra. ¿Escuchas la verdad espiritual que Él proclama?

Indiferencia espiritual

En cuarto lugar, otros en esta multitud habrán sido espiritualmente indiferentes hacia lo que Él estaba diciendo. Su sobreexposición a la verdad les habrá causado apatía hacia ella. Una vacuna da una pequeña dosis de la enfermedad que evita que alguien contraiga la verdadera enfermedad. De la misma manera, una exposición abundante al evangelio sin responder a él habría causado que algunos fueran más apáticos. En este escenario sus cabezas estaban llenas de la verdad, pero nunca penetró en sus corazones. Seguía siendo un mero conocimiento intelectual que nunca había llegado a sus afectos. Como resultado, la verdad nunca movió sus voluntades para creer verdaderamente.

Estas personas podrían haber recitado fácilmente lo que Jesús predicaba. Podían reafirmar con precisión Sus palabras. Conocían los matices de la doctrina que Él había enseñado. Podían dar un resumen convincente de lo que Él había expuesto. Incluso podían articularlo a otros. Pero el mensaje que Jesús dio nunca penetró verdaderamente en sus corazones. La verdad nunca había penetrado en su alma. Nunca les reveló su pecado. No vieron la necesidad de la gracia de Dios en la salvación.

Estas palabras de vida nunca trajeron convicción de pecado. La enseñanza de Cristo nunca les había hecho buscar a Dios con todo su ser. Por lo tanto, la invitación de Cristo nunca había sido respondida por una rendición de la voluntad.

Tal vez es ahí donde te encuentras. Tal vez estás bien instruido en la enseñanza de Cristo e incluso tengas la cabeza llena de sana doctrina. Puedes dar una explicación adecuada de la fe cristiana. Tienes una Biblia en tu escritorio, pero no en tu corazón. Tal vez incluso participas en la enseñanza de la verdad a otros. Pero ¿podrá ser que esta verdad no haya profundizado en tu vida? ¿Ha ido más allá de tu mente y ha llegado a tu corazón? Si esto te describe, pídele a Dios que lleve la verdad a tu corazón. Pídele que te dé oídos para escuchar. Pídele que la lleve de tu cabeza a tu corazón y tu alma.

Engaño personal

En quinto lugar, otros en la multitud habrían escuchado lo que Jesús dijo, pero supusieron erróneamente que el mensaje era para otros, y no para ellos. Muchos se engañaron a sí mismos para suponer que estaban bien con Dios. Pero en realidad, esto estaba muy lejos de ser así. Como formaban parte de esta multitud religiosa, creían que pertenecían al reino de Dios. Estaban muy cerca de Jesús. Incluso caminaban junto a Él. Al escuchar las palabras de Cristo llegaron a suponer que también creían en el mensaje.

Pero nada podía estar más lejos de la realidad. Estaban a pocos pasos de Jesús, pero no lo conocían.

Caminaban junto a Jesús, pero no lo seguían. Lo vieron, pero no creyeron en Él. Lo escucharon, pero no le prestaron atención.

Un número incalculable de personas hoy en día están tan engañadas como estos oyentes del primer siglo. Innumerables miembros de la iglesia perciben que, porque asisten a la iglesia, deben ser aceptables para Dios. Trágicamente, tienen una esperanza vacía de una salvación que no poseen en lo personal. Suponen que son hijos de Dios debido a su asociación con otros creyentes. La triste realidad es que estos individuos nunca han llegado a Cristo. Han dado por sentada una relación con Cristo basada en sus propios términos. Pero nunca se han negado a sí mismos, ni han tomado su cruz y seguido a Cristo.

¿Dónde estás?

¿Dónde estás con el Señor? ¿Estás vivo en Cristo? ¿Has creído en Él para tu salvación? ¿Tienes oídos espirituales para escuchar este gran mensaje? Para escuchar y entender verdaderamente el evangelio, debes recibir este oído espiritual de lo alto. Debe ir de tu cabeza a tu corazón, para terminar en una fe verdadera y en un compromiso con Cristo. Debes ver tu necesidad de Él y admitir que tu única esperanza se encuentra en Él.

Búscalo hoy mientras puede ser encontrado. Pídele que abra tus oídos sordos y te dé la fe para creer en estas palabras. ¿Hay algo que te impide llegar hasta Él? ¿Has admitido tu necesidad y tu dependencia solo de Él, abandonando todo lo demás? ¿Darás este paso decisivo de fe y vendrás a Cristo? Él está listo para salvarte incluso hoy.

PALABRAS QUE PERDURAN

El que tenga oídos para oír, que oiga.
(Luc. 14:35)

Cuando alguien de gran sabiduría habla, sus palabras deben
tener un efecto duradero. Dada la prominencia de este individuo, su mensaje debe ser tomado cuidadosamente en cuenta.
Si esto es así, cuánto más deben pesar sobre nosotros las palabras
de Jesucristo. Él es la persona más grandiosa que jamás haya
pisado la tierra. Era Dios en carne humana: el Hijo de Dios, el
Hijo del Hombre. Como el Mesías prometido, la importancia
suprema de Sus enseñanzas no puede ser exagerada. Todo lo
que Él dijo debe ordenar nuestras vidas y dirigir nuestros pasos.

Como enviado del cielo, Jesús pronunció las mismas palabras que el Padre le dio para hablar. Jesús afirmó: «Yo no he hablado por mi propia cuenta; el Padre que me envió me ordenó qué decir y cómo decirlo» (Juan 12:49). Esto enseña que quien recibe las palabras de Jesús recibe las mismas palabras de Dios. Pero rechazar las palabras de Jesús (no actuar de acuerdo con ellas) es un asunto que pone en peligro el alma. Rechazar las palabras de Jesús es rechazar el único camino de salvación.

Teniendo en cuenta esta realidad, esta multitud debe realmente «oír» lo que dice Jesús. La verdad que Él dijo debe resonar profundamente en ellos. Una cosa era que escucharan con los oídos físicos lo que Jesús decía, pero otra cosa sería que escucharan con oídos espirituales. Tenían que escuchar Sus palabras con un corazón receptivo. La vida y la muerte penden de un hilo, al igual que el cielo y el infierno.

Este mismo mensaje de Jesús debe resonar en tu alma en este momento. Debe apoderarse de tu mente y tomar tu corazón. Debes recibir Su mensaje con todo tu ser (tu mente, tus emociones y tu voluntad).

Todo lo que Jesús proclama requiere una respuesta de tu parte. Consideremos lo que implica esta respuesta.

Lo que debes conocer

Primero, si vas a seguir a Jesucristo, debes *conocer* la verdad. Específicamente, debes conocer sobre *la deidad eterna de Jesucristo*. Necesitas saber quién es el Señor Jesucristo: el Hijo eterno del Dios viviente. Él fue enviado por Dios el Padre a este mundo en una misión divina para rescatar a los pecadores perdidos de la destrucción eterna. Nació de una virgen y vino a la raza humana como el Dios-Hombre: verdaderamente Dios y verdaderamente hombre.

Debes conocer *la vida sin pecado de Jesús*. Nació bajo la Ley de Dios (Gál. 4:4) para obedecer Sus mandamientos. Esta es la misma Ley que nosotros hemos quebrantado repetidamente. Por Su perfecta obediencia a la Ley, cumplió toda la justicia (Mat. 3:15). Al hacerlo, logró la justicia que necesitamos para ser aceptados por Dios. Es esta justicia la que se acredita a todos los pecadores injustos que creen en Él.

También debes conocer sobre *la muerte de Jesús por el pecado*. Siendo sin pecado, Él estaba calificado para morir en el lugar de los pecadores culpables. Fue levantado en una cruz romana para convertirse en el sacrificio por el pecado. En Su muerte, Jesús llevó nuestros pecados sobre Su cuerpo (1 Ped. 2:24) y aseguró la salvación de los pecadores. Él es el único camino de salvación. Jesús dijo: «Yo soy el camino, la verdad y la vida. Nadie llega al Padre sino por mí» (Juan 14:6). Solo la fe en Jesús lleva al cielo. La Biblia dice: «En ningún otro hay salvación, porque no hay bajo el cielo otro nombre dado a los hombres mediante el cual podamos ser salvos» (Hech. 4:12).

Debes saber sobre *la resurrección corporal de Jesús*. Después de Su muerte, fue enterrado en una tumba prestada (Juan 19:38). Pero al tercer día resucitó de entre los muertos (1 Cor. 15:4). Esta resurrección fue la prueba definitiva de Dios de que la muerte de Cristo fue el sacrificio perfecto para quitar los pecados de todos los que creen en Él (Rom. 4:25). Luego ascendió de nuevo a la diestra de Dios Padre (Hech. 1:9-11). Ahora está entronizado en lo alto, poseyendo toda la autoridad en el cielo y en la tierra. La Biblia declara: «Todo el que invoque el nombre del Señor será salvo» (Rom. 10:13).

También debes conocer *la invitación evangélica de Jesús*. Hace dos mil años, Jesús llamó a la multitud: «¡Arrepiéntanse y crean las buenas nuevas!» (Mar. 1:15). Más tarde suplicó: «Vengan a mí todos ustedes que están cansados y agobiados, y yo les daré descanso. Carguen con mi yugo y aprendan de mí, pues yo soy apacible y humilde de corazón, y encontrarán descanso para su alma. Porque mi yugo es suave y mi carga es liviana» (Mat. 11:28-30). Aquí, Cristo exige que mueras a ti mismo. Debes saber que puedes acudir a Él con total confianza. Que acudan solo a Él por medio de la fe es lo que ordena Jesucristo a la multitud.

Lo que debes *sentir*

En segundo lugar, si vas a convertirte en un seguidor de Cristo, debes *sentir* tu desesperada necesidad de Él. Tu conciencia debe hacerte sentir la culpa agobiante de tu pecado. Tu corazón alarmarse al comprender que estás pereciendo sin Jesús. Debes sentirte «profundamente conmovido» (Hech. 2:37) por el Espíritu Santo, al percatarte de tu bancarrota espiritual. Debes sentir este dolor agudo antes de poder ser un genuino discípulo de Cristo.

Debes sentir *la convicción del Espíritu Santo*. El Espíritu ha venido al mundo para convencerte de tu necesidad de Cristo. Jesús dijo que el Espíritu «convencerá al mundo de su error en cuanto al pecado, a la justicia y al juicio; en cuanto al pecado, porque no creen en mí; en cuanto a la justicia, porque voy al Padre y ustedes ya no podrán verme; y en cuanto al juicio, porque el príncipe de este mundo ya ha sido juzgado» (Juan 16:8-11). El Espíritu debe convencerte de la culpabilidad de tu pecado. Eso sí, no será una experiencia agradable. Nadie se salta a la ligera la puerta estrecha que conduce al reino. Nadie se ríe ante la presencia de Dios. Jesús dijo: «Dichosos los que lloran» (Mat. 5:4). Ese quebrantamiento de espíritu es la única respuesta adecuada a tu pobreza espiritual ante Dios (Sant. 4:9).

¿Sientes la desesperanza de tu condición sin fe en Cristo? ¿Sientes tu impureza ante el Señor? ¿Te das cuenta de que te quedas corto cuando se te mide al lado de la perfecta santidad de Dios?

Además, el Espíritu debe hacerte sentir *el increíble amor de la gracia de Dios*. Él te ofrece la salvación en este momento. A pesar de tu indignidad, Él te extiende libremente la gracia. El Espíritu hace que tu corazón se derrita al saber hasta qué punto Dios ha llegado para librar a los pecadores de la destrucción eterna. ¿Te conmueve Su amor que todo lo perdona y que desea recibirte? A pesar de lo indigno que eres, Cristo te llama a venir a Él.

Lo que debes hacer

En tercer lugar, si vas a seguir a Cristo, debes *hacer* algo. No es suficiente con que conozcas estas verdades del evangelio. Tampoco es suficiente con que sientas tu necesidad de Jesucristo. Debes dar el último paso, el paso decisivo de la fe. Debes actuar sobre lo que sabes y estás persuadido de que es verdad.

Como un acto de tu voluntad, debes *arrepentirte de tus pecados y confiar tu vida a Jesús* (Mar. 1:15). Solo Él puede salvarte. Debes dejar de vivir para ti mismo. Debes renunciar a tu amor por este mundo. Debes reconocer tu indiferencia hacia Dios. Debes apartarte de este camino de destrucción y volverte a Jesucristo, confiar en Él.

Debes dar *el paso activo de la fe* para entregar tu vida a Jesucristo. La fe es confiar solo en Él para el perdón de los pecados y la obtención de Su justicia. Acude a Él para el perdón de tus pecados. Confía en Él para obtener Su perfecta justicia. Mira a Jesús con los ojos de la fe. Descansa en Su perfecto sacrificio por los pecados en la cruz.

El Señor Jesucristo espera que vengas a Él; te recibirá en Sus brazos de gracia. Él es el amigo de los pecadores (Mat. 11:19).

Es un médico que no ha venido para los que están bien, sino para los que están enfermos (Luc. 5:31). Confiésale lo enfermo que estás en tu pecado. Él te sanará.

¿Someterás tu vida a Cristo? ¿Te negarás a ti mismo? ¿Tomarás tu cruz? ¿Lo seguirás? Jesús te dará una cálida bienvenida. Él dijo: «Todos los que el Padre me da vendrán a mí; y al que a mí viene, no lo rechazo» (Juan 6:37).

Da ese paso de fe

Las puertas del paraíso están abiertas de par en par. Estás invitado a entrar por la puerta estrecha. El Señor Jesús te recibirá en Su seno. Él te está llamando en este mismo momento. Da ese paso de fe y ven a Él.

Si crees en Jesús, Él levantará de ti la pesada carga de tu pecado. Pondrá Su yugo sobre ti, que es «suave» y «liviano» (Mat. 11:30). ¿Por qué seguir bajo el peso de tu pecado? Jesús eliminará tu pecado y lo reemplazará con Su presencia incomparable en tu vida.

Hay un sentido de urgencia en hacer este compromiso con Cristo. Debes hacerlo ahora. Tu vida es pasajera. El mundo perece. El tiempo es corto. La hora es avanzada. La muerte se acerca. El juicio se avecina. El cielo está preparado. El infierno es real. La eternidad nos llama.

El que tenga oídos para oír, que oiga.

Soy un discípulo

Hace varios años me encontré con un poema sorprendente. Se titula «Soy un discípulo». Presta atención a las verdades vivificantes que se comunican en él. Que sea tu confesión. Que este sea tu testimonio.

La suerte está echada.
He cruzado la línea.
La decisión está tomada.
Soy un discípulo de Jesucristo.

No miraré hacia atrás,
    no renunciaré,
    no me detendré,
    no retrocederé,
    ni me quedaré quieto.
Ya no necesito preeminencia,
    prosperidad,
    posición,
    ascensos,
    aplausos
    o popularidad.
No necesito tener razón,
    ser el primero,
    estar arriba,
    ser reconocido,
    alabado,
    considerado
    o recompensado.
Ahora vivo por la fe,
    amo por la paciencia,
    vivo por la oración
    y trabajo por el poder.
Mi rumbo ha sido fijado.
Mi paso es rápido.
Mi meta es el cielo.
Mi camino es estrecho.
Mi andar es difícil.
Mis compañeros son pocos.

Mi Guía es confiable.
Mi misión es clara.

No puedo ser comprado,
   disuadido,
   atraído,
   relegado,
   diluido,
   o retrasado.
No me acobardaré ante el sacrificio.
No vacilaré ante la adversidad.
No negociaré en la mesa del enemigo.
No reflexionaré en el remanso de la popularidad,
   ni vagaré en el laberinto de la mediocridad.
No me rendiré,
   retrocederé,
   renunciaré,
   ni me callaré hasta que haya orado,
   predicado
   meditado
   y mantenido la causa de Cristo.
   Soy un discípulo de Jesucristo.
Debo seguir hasta que Él regrese,
   dar hasta el agotamiento,
   predicar hasta que todos sepan
   y trabajar hasta que Él venga.
Y cuando Él venga a buscar a los suyos,
   no tendrá problema para reconocerme.
Mi bandera está hondeando alto
   y a la vista de todos.
Soy un discípulo de Jesucristo.

¿Eres un discípulo de Jesucristo? Sal de la multitud. Ven a Él y recibe Su salvación. Es un regalo gratuito. Debo decirte que te costará todo. Sin embargo, ganarás todo, todo lo que necesitas, tanto ahora como para siempre.